Le droit administratif aux concours

Les auteurs remercient Françoise Clerc pour ses précieux conseils tout au long de la rédaction de cet ouvrage.

Le droit administratif aux concours

Matthieu Houser
Maître de conférences en droit public
à l'université de Franche-Comté

Virginie Donier
Professeure agrégée de droit public
à l'université de Franche-Comté

Nathalie Droin
Maître de conférences en droit public
à l'université de Franche-Comté

Formation Administration
Concours

DILA

Département de l'édition dirigé par
Julien Winock

Collection dirigée par
Claire-Marie Buttin

Rédaction
Monique Tolmer

Conception graphique
Michelle Chabaud

Mise en page
Éliane Rakoto

Impression
DILA

ISBN : 978-2-11-009834-4
ISSN : 1152-4235

Collection FAC en petit format

L'Europe aux concours (2015)
Michel Dumoulin

L'entretien avec le jury (2015)
Chantal Perrin-Van Hille

Les questions sociales aux concours (2014)
Suzanne Maury

L'économie aux concours (2014)
Jean-Louis Doney

La GRH dans la fonction publique (2014)
Suzanne Maury

Les finances publiques aux concours (2013)
Matthieu Houser

La RAEP dans les concours (2013)
Yolande Ferrandis

La composition sur un sujet d'ordre général (2013)
José Comas et Pierre Molimard

Sommaire

Présentation

Si la place réservée aux épreuves de droit administratif évolue, cette matière constitue toujours le socle des connaissances de base pour l'entrée dans la fonction publique. L'approche juridique constitue même une nécessité renouvelée pour l'administration, compte tenu de l'essor des contentieux dans la mise en place des politiques publiques. L'intitulé des épreuves récentes en droit administratif l'illustre parfaitement, comme en témoigne le sujet du concours externe 2014 d'entrée à l'École nationale d'administration (ENA) : « Le juge administratif, juge de l'économie ».

D'autres évolutions caractérisent également le droit administratif aux concours. Il est désormais obligatoire de traiter des aspects modernes comme celui de l'administration électronique (concours externe 2013 d'accès aux IRA : « L'administration électronique : que doit-on en attendre ? »). Notons par ailleurs que l'apparition de nouveaux concours, tel celui de conseiller des chambres régionales et territoriales des comptes, qui comportent une épreuve de droit administratif, illustre l'ardente obligation de maîtriser cette matière.

Cet ouvrage est d'abord un outil destiné à la préparation des concours administratifs. Mais son caractère pédagogique et synthétique permettra bien sûr aussi aux étudiants de réviser efficacement le droit administratif durant leur parcours universitaire.

Ses auteurs ont cherché constamment à intégrer les dernières évolutions liées tant au droit de l'Union européenne qu'à la Convention européenne des droits de l'homme, ou relatives à la modification de la relation administration/administré.

Partie préliminaire

Introduction au droit administratif

Le droit administratif désigne l'ensemble des règles qui ont vocation à s'appliquer à certaines activités de l'administration. Dans leur action, les autorités administratives peuvent mettre en œuvre des prérogatives de puissance publique, c'est-à-dire des pouvoirs exorbitants du droit commun que n'ont pas de simples particuliers (le pouvoir de prendre un acte administratif unilatéral est une prérogative de puissance publique, par exemple). Dans cette hypothèse, l'administration fait usage de la puissance publique, étant précisé que ces pouvoirs spécifiques se justifient par l'objectif que poursuit l'administration, à savoir la satisfaction de l'intérêt général. Cependant, elle peut aussi se comporter comme un simple particulier et se placer ainsi dans le cadre de la gestion privée. La différence entre gestion publique et gestion privée est importante car la première emporte l'application des règles du droit administratif et la compétence du juge administratif en cas de litige. En revanche, si l'administration n'a pas fait usage de prérogatives de puissance publique et s'est comportée comme un simple particulier, elle est soumise aux règles du droit privé. En cas de contentieux, il faut alors s'en remettre à la compétence du juge judiciaire. Le droit applicable à l'administration est donc un droit mixte, composé à la fois de règles de droit privé et de règles de droit administratif. Or, c'est essentiellement l'étude des règles applicables à l'administration lorsqu'elle se place dans le cadre de la gestion publique qui fera l'objet de cet ouvrage.

Le droit administratif est né d'un principe posé au début de la Révolution : celui de la séparation des autorités administratives et judiciaires, énoncé par la loi des 16 et 24 août 1790 sur l'organisation judiciaire, et réaffirmé par le décret du 16 fructidor an III. De ce principe découle la règle suivante : l'administration ne doit pas être jugée par les tribunaux judiciaires quand elle fait usage de prérogatives de puissance publique. Cela revient à considérer que, puisque l'administration ne se comporte pas comme un simple particulier lorsqu'elle emploie de tels pouvoirs, elle ne peut relever du même juge que les personnes privées. Par conséquent, des juridictions distinctes des juridictions judiciaires, spécialisées dans le jugement du contentieux de l'administration intervenant en tant que puissance publique, ont été mises en place.

Dans la décision du 8 février 1873, *Blanco*, le Tribunal des conflits (TC) a confirmé également la nécessité de cette dualité juridictionnelle. Le juge a considéré que l'administration, lorsqu'elle agit en tant que puissance publique, ne pouvait se voir appliquer les règles du Code civil, conçues pour régir les relations entre les particuliers. Il convient, dès lors, de lui appliquer des règles spéciales, adaptées aux besoins de l'action administrative, dont l'ensemble forme le droit administratif. Ainsi, l'administration est soumise, dans le cadre de sa gestion publique, à un juge spécial (le juge administratif) qui lui appliquera un droit spécifique différent du droit privé (le droit administratif).

La nécessité du dualisme juridictionnel a été reconnue par le Conseil constitutionnel, qui a consacré le principe d'indépendance des juridictions administratives (Cons. constit., décision n° 80-119 DC du 22 juillet 1980, Rec. p. 46). Le Conseil protège également une partie de la compétence du juge administratif face au juge judiciaire : les contentieux se rapportant aux actes de puissance publique ne peuvent relever, en principe, que du juge administratif, réserve faite des exceptions qui pourraient être introduites dans le souci d'une bonne administration de la justice (Cons. constit., n° 86-224 DC, 23 janvier 1987, Rec. p. 8).

Lorsque l'administration agit dans le cadre de la puissance publique, elle est donc soumise à un juge spécial se composant des tribunaux administratifs, des cours administratives d'appel et du Conseil d'État (CE). Les tribunaux administratifs sont issus de la transformation des anciens conseils de préfecture, réalisée à la suite du décret du 30 septembre 1953 (les conseils de préfecture avaient eux-mêmes été créés par la loi du 28 pluviôse an VIII). Ce décret a surtout permis de reconnaître aux tribunaux administratifs une compétence de droit commun pour statuer sur le contentieux administratif, qui était jusque-là attribuée au Conseil d'État. Ces tribunaux exercent, en tant que juge de droit commun, une compétence de premier ressort susceptible d'appel. Cette dernière est territoriale, c'est-à-dire qu'elle est limitée au ressort géographique de chaque tribunal. Les cours administratives d'appel ont, quant à elles, été instituées par la loi du 31 décembre 1987 afin de décharger le Conseil d'État qui, jusqu'alors, était compétent pour statuer sur les appels des jugements rendus par les tribunaux administratifs. L'entrée en vigueur de cette loi a alors fait du Conseil d'État un juge de cassation. C'est la plus haute juridiction administrative et, en même temps, une instance de conseil pour le gouvernement, mais aussi pour Parlement depuis la révision constitutionnelle du 23 juillet 2008. Le Conseil d'État exerce en effet deux types d'attributions : des attributions juridictionnelles et des attributions consultatives. Il est consulté sur les projets de loi préparés par le gouvernement ou sur les projets de décrets pris en vertu de l'article 37 de la Constitution. S'agissant de ses fonctions consultatives auprès du Parlement, elles sont énoncées à l'article 39 alinéa 5 de la Constitution : « *Le président d'une assemblée peut soumettre pour avis au Conseil d'État, avant son examen en commission, une proposition de loi déposée par l'un des membres de cette assemblée, sauf si ce dernier s'y oppose.* » Par ailleurs, au-delà de ses compétences consultatives, le Conseil d'État a surtout des compétences juridictionnelles : il statue en cassation sur le contentieux administratif et, pour certaines catégories de litiges importants, il statue en premier et dernier ressorts (tel est le cas, par exemple, des recours pour excès de pouvoir formés contre les décrets).

Pour analyser l'ensemble des règles applicables à l'administration lorsqu'elle fait usage de la puissance publique, et par conséquent, l'étendue des contentieux pouvant être soumis au juge administratif, il convient d'étudier tout d'abord les différentes actions de l'administration (le service public et la police) puis les moyens dont elle dispose pour mener à bien son action, qu'il s'agisse de moyens humains ou juridiques (actes unilatéraux et contrats). Enfin, l'ouvrage s'intéressera aux contrôles auxquels l'administration peut être soumise en cas de recours contentieux : le contentieux de la légalité, d'une part, et le contentieux de la responsabilité administrative, d'autre part.

Partie I

L'action administrative

Chapitre 1
Le service public

Le service public est au cœur du débat politique et idéologique sur le rôle de l'État puisque c'est avec le développement de l'État-providence que l'on a assisté à la multiplication des services publics. Dans la conception française originelle, le service public est en effet conçu comme une activité d'intérêt général mise à la charge des pouvoirs publics et placée en dehors du marché. Cela revient à considérer que le service public doit être géré par la puissance publique au moyen de monopoles publics dans lesquels les acteurs privés n'ont pas leur place.

Toutefois, sous l'influence du droit de l'Union européenne, qui consacre le principe de libre concurrence, et sous l'impact de la mondialisation de l'économie, cette conception initiale du service public a dû évoluer. La notion de service public perdure, mais il est désormais admis que ces activités ne sont plus nécessairement gérées sous la forme monopolistique. Le service public est ainsi une activité d'intérêt général gérée par ou pour le compte d'une personne privée.

Pour autant, avant d'envisager plus en détail les modes de gestion des services publics, il convient de définir cette notion afin de mieux saisir quel est le champ des interventions de l'administration et quels sont les contours de la notion d'intérêt général. Au-delà de la définition générale du service public, il apparaîtra par ailleurs qu'une classification est envisageable, le droit français opérant une distinction entre les services publics administratifs d'une part, et les services publics industriels et commerciaux d'autre part.

Section I
La notion de service public

Deux critères permettent de définir le service public : un critère organique, qui repose sur le rattachement de l'activité à une personne publique, et un critère matériel qui se compose en réalité de deux éléments.

I. Les critères matériels d'identification du service public

Le premier critère matériel est fondé sur l'objet de l'activité, à savoir la satisfaction de l'intérêt général, tandis que le second s'intéresse au régime juridique puisqu'une activité de service public est, en principe, soumise à un régime exorbitant du droit commun.

1. Une activité d'intérêt général

Le service public se définit en premier lieu par sa finalité, à savoir la satisfaction de l'intérêt général, la question étant de délimiter les contours de cette notion. L'intérêt général est souvent présenté par opposition aux intérêts particuliers, qu'il vise à dépasser. Ce n'est donc pas la somme des intérêts particuliers.

Cependant, l'intérêt général est une notion évolutive dans la mesure où ses contours varient au gré des changements politiques, économiques ou sociaux; il n'existe donc pas de définition figée de l'intérêt général. Si certaines activités constituent *a priori* des services publics « naturels », telles la police ou la justice, la détermination du contenu de l'intérêt général est le fruit d'arbitrages politiques. C'est ainsi au législateur qu'il appartient, en principe, de qualifier une activité de service public, mais certaines activités n'ont pas été explicitement qualifiées par lui. Le juge administratif peut donc être amené, lui aussi, à qualifier une activité lorsque le législateur a gardé le silence sur sa nature.

Ainsi, le Conseil d'État a considéré que la mise à disposition de l'ensemble des données publiques, notamment de celles dont *« la diffusion ne serait pas économiquement viable [...], constitue par nature une mission de service public»* (CE, Section, 17 décembre 1997, *Ordre des avocats à la Cour de Paris*, Rec. p. 491). Par ailleurs, le Conseil d'État reconnaît qu'une activité culturelle peut être qualifiée de service public dans la mesure où elle poursuit une finalité d'intérêt général; tel est le cas d'un festival d'art lyrique (CE, Section, 6 avril 2007, *Commune d'Aix-en-Provence*, Rec. p. 155).

En revanche, le juge a dénié à l'organisation de jeux de hasard la qualification de mission d'intérêt général (CE, Section, 27 octobre 1999, *Rolin*, Rec. p. 327) ; il en est de même pour l'organisation de courses de chevaux (CE, 9 février 1979, *Société d'encouragement pour l'amélioration des races de chevaux en France*, Rec. p. 47 : *«les sociétés de course, en tant qu'elles sont chargées d'organiser les courses et le pari mutuel, ne sont pas investies d'une mission de service public»*). De telles activités poursuivent un but exclusivement financier et n'ont pas pour objet de délivrer une prestation, ce qui justifie que le juge leur refuse le caractère de service public.

2. Un régime juridique exorbitant du droit commun

En principe, une activité de service public est soumise à un régime juridique particulier, exorbitant du droit commun. Par conséquent, le régime juridique peut constituer un indice pour déterminer si une activité constitue un service public, notamment si elle est gérée par une personne privée. Ce régime juridique va permettre au juge administratif de constater la présence ou l'absence de règles caractéristiques du service public. Il s'avère en effet que la détention de prérogatives de puissance publique est un indice particulièrement significatif permettant de déceler la présence d'un service public (CE, 28 juin 1963, *Sieur Narcy*, Rec. p. 401). Dès lors qu'une personne privée qui gère une activité d'intérêt général dispose de telles prérogatives, c'est-à-dire de pouvoirs dont ne disposent pas de simples particuliers, le juge administratif en conclura que l'activité est un service public.

Toutefois, cela n'empêche pas le juge administratif d'admettre qu'une activité gérée par un organisme privé ne disposant pas de prérogatives de puissance publique est un service public : tel est le sens de la décision du Tribunal des conflits en date du 6 novembre 1978, *Bernardi* (Rec. p. 652). En l'espèce, le Tribunal a estimé qu'une clinique privée de traitement des malades mentaux exerce une mission de service public même si elle ne dispose pas de prérogatives de puissance publique pour mener à bien sa mission. Dans une importante décision de section du 22 février 2007

(*Association du personnel relevant des établissements pour inadaptés*, *AJDA* 2007, p. 793, Chronique Lenica et Boucher), le Conseil d'État a confirmé que l'absence de prérogatives de puissance publique n'excluait pas nécessairement la qualification de mission de service public. La détention de prérogatives de puissance publique n'est pas un critère absolu pour déterminer l'existence d'un service public, mais un simple indice.

2. L'identification organique du service public

Pour qu'une activité soit qualifiée de service public, elle doit être rattachée à une personne publique qui sera responsable de la création et de l'organisation du service. Ce rattachement peut revêtir différentes formes : il peut être direct si la personne publique prend elle-même en charge le service en le gérant en régie, mais il peut aussi être indirect si elle confie la gestion de cette activité à une personne privée. Dès 1938, le Conseil d'État a ainsi admis qu'une personne privée pouvait gérer un service public (CE, 13 mai 1938, *Caisse primaire «Aide et protection»*, Rec. p. 417). La conception originelle assimilait service public et gestion par une personne publique (TC, 8 février 1873, *Blanco*, *GAJA*) mais l'évolution jurisprudentielle a remis en cause cette analyse : si le service public doit nécessairement être rattaché à une personne publique d'un point de vue organique, il ne doit pas obligatoirement être géré par elle. Toutefois, dans l'hypothèse où l'activité serait confiée à une personne privée, la personne publique conserve néanmoins un pouvoir de contrôle, et parfois de direction, sur l'organisme privé.

La question de la qualification d'une activité d'intérêt général peut alors se poser avec plus d'acuité dès lors qu'elle n'est pas assurée directement par une personne publique : en effet, comment distinguer les services publics des autres activités d'intérêt général assurées par des personnes de droit privé ?

Dans l'arrêt *Narcy* déjà cité, le Conseil d'État a considéré que le critère organique était rempli car l'administration conservait un droit de regard sur l'activité et l'organisme privé disposait de prérogatives de puissance publique pour mener à bien sa mission. Plus récemment, l'arrêt *Association du personnel relevant des établissements pour inadaptés* du 22 février 2007 est venu préciser la solution dégagée par l'arrêt *Narcy*. Deux éléments doivent obligatoirement être satisfaits : la mission remplie par la personne privée

doit être d'intérêt général, et l'administration doit exercer un contrôle sur la personne privée. À ces deux exigences, il convient d'ajouter un troisième élément qui se compose de deux conditions alternatives :
– soit la personne privée détient des prérogatives de puissance publique : le juge conclura alors qu'elle exerce une mission de service public ;
– soit il faut utiliser la méthode du faisceau d'indices afin de déterminer si l'administration a voulu confier une activité de service public à la personne privée : le juge examinera, dans ce cas, les conditions de création, de fonctionnement et d'organisation de l'organisme privé (par exemple, il s'attachera à déterminer si les dirigeants de celui-ci ont été désignés par l'administration ou s'il a été créé par une personne publique). Si ces différents indices permettent d'établir un lien entre l'organisme privé et la personne publique, la mission pourra être qualifiée de service public.

Aux termes de ces divers éléments de définition, il apparaît qu'un service public est une activité d'intérêt général exercée par ou pour le compte d'une personne publique, éventuellement au moyen de prérogatives de puissance publique. Pour autant, les deux éléments déterminants pour caractériser un service public sont la présence d'une activité d'intérêt général et le rattachement direct ou indirect de l'activité à une personne publique.

Section 2
Les différentes catégories de service public

On distingue traditionnellement les services publics à caractère administratif (SPA) et les services publics à caractère industriel et commercial (SPIC), qui relèvent de régimes juridiques différents. Mais cette distinction ne suffit plus aujourd'hui pour rendre compte de la réalité des services publics, en raison de l'influence exercée par le droit de l'Union européenne sur les services publics.

I. La distinction entre services publics administratifs et services publics industriels et commerciaux

I. Les critères de distinction

Selon la conception originelle du service public, ces activités doivent être gérées par une personne publique et soumises au droit administratif (TC, 8 février 1873, *Blanco*). Mais cette conception va évoluer car la jurisprudence a admis qu'à côté des services publics administratifs existent également des services publics industriels et commerciaux soumis dans leur ensemble au droit privé et relevant, en cas de litige, de la compétence du juge judiciaire (TC, 22 janvier 1921, *Société commerciale de l'Ouest africain, GAJA*).

La distinction entre services publics administratifs et services publics industriels et commerciaux présente donc un intérêt important pour la détermination de la compétence juridictionnelle : en effet, les rapports des services publics administratifs avec leurs usagers, leur personnel et les tiers sont en principe régis par le droit public. En revanche, les services publics industriels et commerciaux sont très largement soumis au droit privé en cas de litige avec les usagers, le personnel ou les tiers.

Pour distinguer ces deux catégories de service public, il faut rechercher si le service peut être comparé à une entreprise privée ordinaire. Les critères de distinction ont été élaborés par le commissaire du gouvernement Laurent, dans ses conclusions sous l'arrêt du Conseil d'État du 16 novembre 1956, *Union syndicale des industries aéronautiques* (Rec. p. 434). Il s'agit de l'objet du service, de l'origine de ses ressources et des modalités de son fonctionnement. C'est sur la base de ces trois éléments que le juge administratif recherche si l'activité en cause ressemble à une entreprise privée.

a) L'objet de l'activité

Pour être qualifiées de service public industriel et commercial, les opérations menées par le service doivent être de même nature que celles des entreprises privées. L'activité doit ainsi avoir un caractère économique, concerner le domaine de la production, des échanges ou des transports tout en restant un service public. En revanche, si la mission remplie se rattache plutôt aux activités traditionnellement menées par l'administration, elle sera qualifiée de service public administratif.

En raison de leur objet, certains services sont qualifiés de services publics administratifs même si leur mode de financement paraît analogue à celui d'une entreprise privée. Le Conseil d'État a ainsi considéré que l'Établissement français du sang présentait un caractère administratif en raison de sa mission de santé publique, et ce même si ses ressources proviennent largement de la cession de produits et si son régime juridique est proche de celui d'un établissement industriel et commercial (CE, 27 octobre 2000, *Torrent*, *AJDA* 2001, p. 394). L'objet du service – concourir à la politique de santé publique – est une mission qui se rattache aux fonctions normales de l'administration, ce qui lui confère un caractère administratif.

De même, le service public de la distribution de l'eau est qualifié de service public industriel et commercial en raison de son objet. Tel est le sens d'une décision rendue par le Tribunal des conflits le 21 mars 2005, *Mme Alberti-Scott* (*RFDA* 2006, p. 116, note J.-F. Lachaume) : le Tribunal a considéré qu'un service de distribution d'eau présente un caractère industriel et commercial même s'il est géré en régie par une commune et même si le prix facturé à l'usager ne couvre que partiellement le coût du service. Ces divers éléments plaidaient plutôt pour la qualification de service public administratif, mais le Tribunal des conflits en a jugé autrement en raison de l'objet de l'activité.

b) Le mode de financement du service public

En principe, les services publics industriels et commerciaux sont financés par les redevances perçues sur les usagers et calculées en fonction de la prestation fournie. Ces redevances ont le caractère de prix. En revanche, les services publics administratifs fonctionnent à l'aide de fonds publics car généralement, le prix payé par l'usager ne correspond pas au coût du service rendu. Les services publics industriels et commerciaux sont donc financés comme des entreprises privées, par un prix facturé à l'usager en contrepartie de la prestation fournie, tandis que les services publics administratifs peuvent être en partie financés par le contribuable.

c) Les modalités de fonctionnement du service public

Pour apprécier ces modalités de fonctionnement, la jurisprudence peut se fonder sur différents éléments.

Le caractère industriel et commercial est exclu si le service fonctionne à titre gratuit. Un SPIC est obligatoirement payant et l'usager doit s'acquitter d'un prix en échange de la prestation fournie. Par conséquent, tout service gratuit sera un service public administratif (même si tous les services publics administratifs ne sont pas nécessairement gratuits).

Le juge administratif peut également analyser les règles de la comptabilité : les services publics administratifs sont soumis aux règles de la comptabilité publique, tandis que les services publics industriels et commerciaux le sont aux règles de la comptabilité privée.

Par ailleurs, le fait qu'un service public soit géré en régie, c'est-à-dire directement par la personne publique, permet *a priori* d'exclure le caractère industriel et commercial (CE, 26 janvier 1968, *Dame Maron*, *AJDA* 1968, p. 293 : le juge considère qu'il existe une présomption en faveur du caractère administratif d'un théâtre exploité en régie par une commune). Cependant, cette présomption peut être renversée dès lors que l'objet de l'activité emporte la qualification de service public industriel et commercial, à l'image du service public de distribution de l'eau (TC, 14 mai 1990, *Époux Laperrouze*, Rec. p. 618 : un service de distribution de l'eau géré en régie a été qualifié de service industriel et commercial en raison de son objet).

Cela tend par conséquent à démontrer que les critères permettant de qualifier un service public ne sont pas nécessairement cumulatifs, l'un de ces critères pouvant l'emporter sur les autres.

2. Le régime juridique des services publics

Le régime juridique applicable varie en fonction de la nature du service : les services publics administratifs sont généralement soumis au droit public, alors que les services publics industriels et commerciaux sont largement régis par les règles du droit privé.

a) Le régime juridique des services publics administratifs

D'une manière générale, le service public administratif est principalement soumis au droit administratif et, en cas de litige, il relève de la compétence du juge administratif. Il en est ainsi des litiges qui opposent un service public administratif à l'un de ses usagers : dans la mesure où les usagers sont placés dans une situation légale et réglementaire, le litige sera résolu par application du droit administratif. De même, si un litige survient entre un tiers et le service, le contentieux sera résolu par application du droit administratif et il relèvera de la compétence du juge administratif.

Toutefois, lorsque le service public administratif est géré par une personne privée, toutes ses décisions ne relèvent pas nécessairement du juge administratif. Ce sera le cas si la personne privée utilise des prérogatives de puissance publique : une fédération sportive dispose de prérogatives de puissance publique afin, par exemple, de sanctionner les sportifs convaincus de dopage. Si la légalité de la décision est contestée, le juge administratif sera compétent pour statuer sur le litige (CE, 26 novembre 1976, *Fédération française de cyclisme*, Rec. p. 513). Dans les autres cas, c'est-à-dire lorsque la personne privée qui gère l'activité se comporte comme un simple particulier, ses décisions sont régies par le droit privé et relèvent de la compétence du juge judiciaire en cas de litige.

b) Le régime juridique des services publics industriels et commerciaux

En général, cette catégorie de service public est soumise au droit privé, mais la nature publique ou privée de la personne gestionnaire du service peut avoir une grande influence sur le régime juridique de l'activité.

S'agissant tout d'abord des litiges qui opposent un service public industriel et commercial à l'un de ses usagers, la compétence juridictionnelle sera toujours celle du juge judiciaire car l'usager est placé dans une situation contractuelle de droit privé. Le lien de droit privé s'impose dans tous les cas, sans qu'il soit besoin d'établir une distinction fondée sur la nature de la personne gestionnaire du service. Un véritable bloc de compétences a ainsi été constitué au profit du juge judiciaire (TC, 17 octobre 1966, *Dame veuve Canasse*, Rec. p. 834).

Concernant ensuite les litiges qui opposent un tiers à un service public industriel et commercial, la compétence est en principe celle du juge judiciaire, excepté lorsque le dommage est dû à un ouvrage public ou à une opération de travaux publics.

Enfin, le régime juridique des décisions prises par le service public est variable selon la nature de l'acte : les actes de gestion ne manifestant pas l'emploi de prérogatives de puissance publique relèvent de la compétence du juge judiciaire, même si l'activité est gérée par une personne publique (CE, 21 avril 1961, *Dame Agnesi*, Rec. p. 253). Cependant, si l'acte unilatéral concerne l'organisation du service et s'il traduit l'emploi de prérogatives de puissance publique, il sera soumis en cas de litige au contrôle du juge administratif (TC, 15 janvier 1968, *Époux Barbier*, Rec. p. 789).

Il apparaît ainsi que la distinction entre les services publics administratifs et les services publics industriels et commerciaux permet, au moins partiellement, de déterminer la compétence juridictionnelle en cas de litige. Toutefois, au-delà de l'intérêt que revêt cette distinction, cette classification présente aujourd'hui certaines lacunes et imperfections, sous l'impact du droit de la concurrence.

2. Les insuffisances de la distinction entre services publics administratifs et services publics industriels et commerciaux

La distinction traditionnellement établie ne reflète pas toute la réalité du droit applicable aux services publics. Sous l'influence du droit de l'Union européenne et du droit français de la concurrence, l'approche des services publics a été renouvelée.

Le droit de l'Union européenne oblige toutes les entreprises – publiques ou privées – à respecter certaines règles de concurrence, mais les différents services publics ne sont pas soumis avec la même intensité à ces nouvelles règles. Elles s'appliquent essentiellement aux organismes publics ou privés qui se livrent à une activité économique moyennant le paiement d'un prix. Les services publics concernés sont qualifiés de services d'intérêt économique général, ce qui désigne les services marchands remplissant des missions d'intérêt général et soumis à des obligations de service public.

Les autres missions de l'administration, qui ne constituent pas des activités économiques, ne sont pas concernées par cette qualification ; tel est le cas des activités à vocation exclusivement sociale (Cour de justice des Communautés européennes – CJCE –, 17 février 1993, *Poucet et Pistre*, C-159/91 et C-160/91, Rec. 1993, p. I-637) ou des activités de puissance publique (CJCE, 19 janvier 1994, *SAT Fluggesellschaft*, C-364/92, Rec. 1994, p. I-43).

À la distinction traditionnellement consacrée en droit interne, il convient donc d'en ajouter une autre découlant de l'application du droit de la concurrence de l'Union européenne : il s'agit de la distinction entre les activités marchandes de l'administration et ses activités non marchandes (ou entre les services de puissance publique et les services économiques). La première catégorie correspond majoritairement aux services publics industriels et commerciaux, mais ne se limite pas à ces seules activités : certains services publics administratifs peuvent en effet être intégrés dans la catégorie des services marchands, à l'instar des activités socioculturelles. Quant à la catégorie des services non marchands, elle vise principalement des services publics administratifs qui sont placés en dehors de tout commerce, donc hors du champ d'application du droit de la concurrence. La distinction entre services marchands et services non marchands ne recouvre donc pas pleinement les catégories établies en droit interne.

Par ailleurs, cette nouvelle distinction influe également sur les règles applicables aux services, c'est-à-dire sur leur régime juridique, car selon leur vocation marchande ou non marchande, ils seront soumis aux règles du droit de la concurrence ou, au contraire, placés en dehors de tout système concurrentiel.

Section 3
Les principes fondamentaux régissant le service public

S'il existe différentes catégories de services publics, toutes les activités sont néanmoins soumises à des principes communs visant à régir leur fonctionnement. Le régime juridique applicable à l'activité peut varier selon sa nature, mais toutes les activités d'intérêt général sont soumises à des obligations de service public communes qui ont été dégagées par Louis Rolland au début du XXe siècle et sont qualifiées de « lois des services publics ».

I. Le principe d'égalité

Le principe d'égalité devant le service public est le corollaire du principe d'égalité devant la loi, qui est énoncé à l'article 6 de la Déclaration des droits de l'homme et du citoyen de 1789. C'est un principe général du droit en vertu de la jurisprudence administrative (CE, Section, 9 mars 1951, *Société des concerts du Conservatoire*, *GAJA*) mais aussi un principe à valeur constitutionnelle en vertu de la jurisprudence du Conseil constitutionnel (décision n° 79-107 DC du 12 juillet 1979, *« Loi relative à certains ouvrages reliant les voies nationales ou départementales »*, Rec. p. 31).

1. Le principe d'égalité appliqué aux agents du service public

Le principe d'égalité suppose l'égal accès de tous les citoyens aux emplois publics, aucune distinction ne pouvant être fondée, par exemple, sur les opinions politiques ou religieuses des candidats (CE, Ass., 28 mai 1954, *Barel*, *GAJA* ; CE, 10 avril 2009, *El Haddioui*, *AJDA*, 2009, p. 1386).

De la même manière, le principe d'égalité interdit la discrimination entre les hommes et les femmes au regard du droit à pension (CE, 29 juillet 2002, *Griesmar*, Rec. p. 284), ainsi que les discriminations dans le déroulement de la carrière (CE, Section, 11 juillet 2001, *Syndicat départemental CFDT de la DDE du Gard*, *Petites Affiches* 11 décembre 2001, p. 11 ; CE, 9 février 2005, *Syndicat national unitaire et indépendant des officiers de police*, *AJDA* 13 juin 2005, note E. Aubin).

2. Le principe d'égalité appliqué aux usagers du service public

En vertu du principe d'égalité, toute distinction établie entre les usagers d'un service public doit nécessairement trouver son fondement dans une différence de situation ou dans une nécessité d'intérêt général en rapport avec l'objet du service (CE, Section, 10 mai 1974, *Denoyez et Chorques*, Rec. p. 274). Cela signifie que le principe d'égalité n'interdit pas d'établir une différence de traitement entre les usagers du service, sous réserve qu'elle soit justifiée par une différence de situation ou par une nécessité d'intérêt général en rapport avec l'objet de l'activité. Pour autant, il s'agit d'une simple faculté ; le principe d'égalité n'impose pas de traiter différemment des situations différentes (CE, Assemblée, 28 mars 1997, *Société Baxter*, *RFDA* 1997, p. 450, conclusions Bonichot).

a) Les distinctions interdites

Certains critères de distinction permettant d'établir une différence de traitement entre les usagers du service sont interdits en vertu de l'article 1er de le Constitution, selon lequel « *la France est une République indivisible, laïque, démocratique et sociale. Elle assure l'égalité devant la loi de tous les citoyens sans aucune distinction d'origine, de race ou de religion* ». Ce principe de non-discrimination était d'ailleurs déjà présent dans l'article 1er de la Déclaration des droits de l'homme et du citoyen de 1789 : « *Les hommes naissent et demeurent libres et égaux en droits. Les distinctions sociales ne peuvent être fondées que sur l'utilité commune.* » Il faut également se référer au Préambule de la Constitution de 1946, qui dispose que « *tout être humain, sans distinction de race, de religion ni de croyance, possède des droits inaliénables et sacrés* » mais aussi que « *la loi garantit à la femme, dans tous les domaines, des droits égaux à ceux de l'homme.* »

Au regard de ces différentes dispositions constitutionnelles, il apparaît que les distinctions interdites concernent des critères qui sont notamment liés au sexe, à l'appartenance ou à la non-appartenance religieuse, philosophique, politique, ethnique.

b) Les différences de traitement autorisées

Sans pouvoir prétendre à une présentation exhaustive des critères de distinction autorisés par le juge administratif, on peut indiquer que celui-ci admet, dans le cadre de certaines activités de service public, la mise en œuvre d'une tarification sociale. Les critères pris en compte dans ce cas reposent sur la situation sociale de l'usager (niveau de ressources et nombre de personnes à charge notamment) et permettent de faire varier le montant de la redevance versée par l'usager pour bénéficier du service. Le juge administratif a ainsi admis que les tarifs d'une crèche pouvaient varier en fonction d'un quotient familial établi en tenant compte du nombre de personnes vivant au foyer et des ressources de la famille (CE, 20 janvier 1989, *Centre communal d'action sociale de La Rochelle*, *AJDA* 1989, p. 398, note X. Prétot). La même solution a été appliquée à un centre de loisirs (CE, 18 mars 1994, *Dejonckeere*, *Petites Affiches*, 4 novembre 1994, p. 19) et à une école de musique (CE, 29 décembre 1997, *Commune de Gennevilliers* et *Commune de Nanterre*, *AJDA* 1998, p. 168 et 169 avec les conclusions de J.-H. Stahl). Cette possibilité visant à mettre en œuvre une tarification sociale des services publics administratifs sera confortée par l'article 147 de la loi du 29 juillet 1998 relative à la lutte contre les exclusions : « *Les tarifs des services publics administratifs à caractère facultatif peuvent être fixés en fonction du niveau du revenu des usagers et du nombre de personnes vivant au foyer. Les droits les plus élevés ainsi fixés ne peuvent être supérieurs au coût par usager de la prestation concernée.* »

Cependant, cette faculté reste limitée aux seuls services publics administratifs. Les services publics industriels et commerciaux ne peuvent faire application du système de la tarification sociale, sauf lorsque la loi le prévoit expressément. Cela s'explique par l'obligation d'équilibre budgétaire à laquelle sont soumis les services publics industriels et commerciaux.

2. Le principe de continuité

Le principe de continuité suppose que les services publics doivent fonctionner « *sans heurts, sans à-coups, sans arrêts* », selon les termes de Louis Rolland. La continuité implique la régularité du service et, dans certaines hypothèses, elle peut être synonyme de permanence : cela concerne notamment les services publics chargés d'assurer l'ordre public, comme la police, ou ceux qui visent à satisfaire des besoins vitaux, à l'image des services de secours. Quant aux services qui ne répondent pas à ces impératifs, le principe de continuité a vocation à s'appliquer dans le cadre des horaires d'ouverture : le service doit ainsi fonctionner en continu pendant les heures d'ouverture.

Le principe de continuité a valeur constitutionnelle (décision du Conseil constitutionnel n° 79-105 DC du 25 juillet 1979, *Loi modifiant les dispositions de la loi n° 74-696 du 7 août 1974 relatives à la continuité du service public de la radio et de la télévision en cas de cessation concertée du travail*, Rec. p. 33) et c'est également un principe général du droit (CE, 13 juin 1980, *Dame Bonjean*, Rec. p. 274). Ce principe a vocation à bénéficier aux usagers du service, mais son application soulève des difficultés lorsqu'il doit être concilié avec le droit de grève.

1. L'application du principe de continuité aux usagers du service public

Le juge administratif reconnaît aux usagers un droit d'accès normal au service : cet accès ne doit pas être limité à l'excès par des horaires d'ouverture trop restrictifs ou par des décisions de fermeture anticipée. C'est ce qu'illustre une décision rendue par le Conseil d'État le 13 février 1987 (*Touchebœuf*, Rec. p. 45) : dans cette espèce, un collège avait fermé ses portes de manière anticipée afin de pouvoir organiser des examens de fin d'année. Or, la durée de fermeture de l'établissement a excédé celle qui était nécessaire à l'organisation et au déroulement des épreuves ; cette fermeture anticipée a donc été jugée contraire au principe de continuité.

La défaillance de l'administration dans le respect de son obligation de continuité est par ailleurs susceptible d'engager sa responsabilité pour faute – CE, 27 janvier 1988, *Ministre de l'Éducation nationale contre Giraud* (Rec. p. 39) : le Conseil d'État sanctionne le ministre de l'Éducation nationale, qui a méconnu son obligation visant à assurer l'enseignement de toutes les matières obligatoires inscrites au programme. En n'assurant pas le recrutement des professeurs nécessaires, le ministre a privé les élèves de certaines heures de cours obligatoires et a donc porté atteinte au principe de continuité.

2. Continuité du service public et droit de grève

La grève des agents publics semble, par nature, en contradiction avec le principe de continuité. Avant l'adoption du Préambule de la Constitution de

1946, toute grève dans la fonction publique était illicite et l'agent encourait une révocation (CE, 7 août 1909, *Winkell*, Rec. p. 826). À l'heure actuelle, le Préambule de la Constitution de 1946 énonce que *« le droit de grève s'exerce dans la cadre des lois qui le réglementent »*, ce qui a incité le Conseil d'État à reconnaître ce droit à tous les agents publics, tout en précisant qu'il convenait de le concilier avec le principe de continuité (CE, Assemblée, 7 juillet 1950, *Dehaene, GAJA*). Par la suite, le Conseil d'État a qualifié le droit de grève de liberté fondamentale (CE, 9 décembre 2003, *Mme Aiguillon*, Rec. p. 497).

C'est en principe au législateur qu'il appartient de fixer les conditions d'exercice du droit de grève afin d'assurer la conciliation de ce droit avec le principe de continuité ; à défaut d'intervention législative, le chef de service peut intervenir dans le cadre de son pouvoir réglementaire, sans toutefois y être obligé (CE, 30 novembre 1998, *Rosenblatt*, Rec. p. 987).

Tout dépend, finalement, de l'importance du service pour le pays : certains fonctionnaires se voient ainsi interdire toute grève afin de ne pas compromettre la sécurité publique ; tel est le cas des agents de police ou des militaires. Pour les autres services, la loi n° 63-777 du 31 juillet 1963 interdit les grèves tournantes et impose le dépôt d'un préavis de grève. L'autorité administrative peut également utiliser son pouvoir de réquisition afin d'assurer un service minimum ; ce pouvoir est souvent utilisé en cas de grève dans les services hospitaliers. Toutefois, il ne doit pas servir à assurer un service normal ; l'autorité administrative ne peut réquisitionner l'ensemble des personnels grévistes (CE, 9 décembre 2003, *Mme Aiguillon*, cité plus haut).

Afin de mieux garantir la continuité de certains services publics, la loi du 21 août 2007 sur le dialogue social et la continuité du service public dans les transports terrestres réguliers de voyageurs a été adoptée. Ce texte tend à prévenir les grèves en instituant une procédure de prévention des conflits avant le déclenchement d'une grève. Cette procédure doit permettre d'organiser des négociations avant le dépôt d'un préavis de grève. Par ailleurs, la loi tend à organiser le service en cas de grève en prévoyant notamment, au profit des usagers, un droit d'information sur les perturbations attendues ; en outre, l'autorité organisatrice des transports devra définir les dessertes prioritaires et prévoir pour chacune d'elles les fréquences et les plages horaires (il s'agit de prévoir un plan de transports applicable en cas de grève).

3. Le principe de mutabilité

Ce principe signifie que les services publics doivent être en mesure de s'adapter à l'évolution de l'intérêt général. Il est en effet nécessaire de pouvoir faire évoluer le service public en fonction des changements qui affectent l'intérêt général. Ce principe a été dégagé, au début du XXe siècle, dans l'arrêt du Conseil d'État du 10 janvier 1902, *Compagnie nouvelle du gaz de Deville-lès-Rouen* (Rec. p. 5). Ce principe suppose donc que les usagers n'ont pas de droit acquis au maintien du service, l'administration pouvant modifier unilatéralement les modalités d'organisation de celui-ci, voire le supprimer (CE, 27 janvier 1961, *Vannier*, Rec. p. 60).

Le principe de mutabilité confère par conséquent des droits étendus à l'administration : si les principes d'égalité et de continuité semblent bénéficier aux usagers, le principe de mutabilité apparaît quant à lui comme une contrainte à leur égard puisqu'ils ne peuvent revendiquer le maintien d'un service. Parallèlement, le principe de mutabilité ne reconnaît aucun droit au changement et à l'adaptation du service au profit des usagers. Ce principe met donc en exergue les prérogatives de puissance publique dont dispose l'administration dans le cadre de la gestion des services publics.

Cependant, le juge administratif admet, dans de rares hypothèses, que les usagers puissent s'opposer à la fermeture d'un service si celui-ci répond à un besoin incontestable : CE, 28 février 1990, *Decaudin* (Rec. tables p. 889). Dans cette espèce, le Conseil d'État s'est opposé à la fermeture du service d'ophtalmologie d'un hôpital dans la mesure où *« son activité était en croissance régulière »* ; cela signifie par conséquent que l'administration ne peut procéder à la fermeture d'un service public si ce dernier présente un intérêt général incontestable. Néanmoins, de telles solutions demeurent exceptionnelles, le principe d'adaptabilité étant encore perçu comme une sujétion pesant sur les usagers.

Section 4
Les modalités de création et de gestion des services publics

La création d'un service public résulte d'un acte de volonté des autorités publiques nationales ou locales afin de satisfaire un besoin correspondant à une finalité d'intérêt général.

Une fois créé, le service doit être mis en place et organisé, ce qui suppose d'effectuer un choix concernant les modalités de gestion de l'activité : celle-ci peut être gérée directement par la personne publique qui a créé le service ou déléguée à une personne privée.

I. La création et la suppression des services publics

Les règles applicables varient selon la nature de l'activité, plus précisément selon le caractère obligatoire ou facultatif du service.

1. Les règles applicables à la phase de création

a) Les services publics de l'État

L'État dispose en principe d'une compétence discrétionnaire pour créer des services publics. Le Conseil constitutionnel l'a clairement rappelé dans sa décision n° 86-207 DC du 26 juin 1986, *Loi autorisant le gouvernement à prendre diverses mesures d'ordre économique et social* (décision dite « privatisations », Rec. p. 61). Le Conseil affirme que *« si la nécessité de certains services publics nationaux découle de principes ou de règles de valeur constitutionnelle, la détermination des autres activités qui doivent être érigées en service public national est laissée à l'appréciation du législateur ou de l'autorité réglementaire, selon les cas »*. Cela suppose donc que la création de certains services est exigée par la Constitution, tel celui de l'éducation, qui trouve son fondement dans l'alinéa 13 du Préambule de la Constitution de 1946. Seul le législateur est compétent pour créer et mettre en œuvre ces activités imposées par la Constitution. En ce qui concerne les services dont la création n'est pas exigée par la Constitution, le pouvoir réglementaire peut ériger une activité en service public.

Au-delà des règles de compétences, il convient également de préciser que la création de services publics doit se concilier avec certains principes, telles la liberté du commerce et de l'industrie et la liberté d'entreprendre. Le Conseil constitutionnel a reconnu valeur constitutionnelle à la liberté d'entreprendre, ce qui signifie qu'une loi ayant pour objet de créer un service public en méconnaissance de cette liberté pourrait être déclarée contraire à la Constitution.

b) Les services publics locaux

Les collectivités territoriales peuvent créer des services publics locaux dès lors qu'un intérêt public local le justifie. Certaines activités sont créées librement par les collectivités dans le cadre de l'exercice de leurs compétences facultatives, tandis que d'autres sont imposées par la loi (tel est le cas de l'état civil, de la distribution de l'eau ou de la gestion de l'aide sociale). Chaque catégorie de collectivités doit ainsi prendre en charge la gestion de services publics, et ce, en vertu des différentes lois de décentralisation. Les communes ont acquis des compétences pour gérer la voierie communale, les transports urbains, la construction et la maintenance des écoles primaires ou encore le service d'enlèvement et de traitement des ordures. Quant au département, il est compétent pour gérer l'aide sociale, la voierie départementale, la lutte contre l'incendie ou encore la construction et l'entretien des collèges. Les régions bénéficient, quant à elles, d'importantes compétences dans le domaine économique, en matière de formation professionnelle ou encore s'agissant de la construction et de l'entretien des lycées.

À ces différents services obligatoires dont la collectivité doit, dans tous les cas, assurer le fonctionnement, il faut ajouter l'ensemble des services créés de manière facultative qui répondent à un intérêt public local, sans porter atteinte à la liberté d'entreprendre ni à celle du commerce et de l'industrie. Le Conseil d'État accepte néanmoins que des collectivités créent des services susceptibles de concurrencer l'initiative privée lorsque, *« en raison de circonstances particulières de temps et de lieu, un intérêt public justifie leur intervention »* (CE, Section, 30 mai 1930, *Chambre syndicale du commerce en détail de Nevers, GAJA*).

2. Les règles applicables à la suppression des services publics

La décision de suppression doit, dans tous les cas, répondre à un intérêt public (national ou local); l'évolution des techniques, des besoins de la société ou l'apparition de nouveaux risques peuvent justifier la suppression d'un service devenu inadapté. Par ailleurs, des motifs financiers peuvent inciter les pouvoirs publics, notamment les collectivités territoriales, à supprimer un service public.

Si l'intérêt général permet aux collectivités publiques de créer des services publics, il leur permet parallèlement de justifier la suppression d'une telle activité. Il convient toutefois de préciser qu'il existe une distinction selon le caractère facultatif ou obligatoire du service. Tout service public facultatif peut être supprimé par l'administration qui l'a créé (CE, 18 mars 1977, *Chambre de commerce et d'industrie de La Rochelle*, Rec. p. 153). L'organe compétent pour procéder à cette suppression est celui qui a créé le service; c'est ce que l'on appelle la règle du parallélisme des compétences. Par conséquent, un service créé par un acte réglementaire ne pourra être supprimé que par un autre acte réglementaire. De même, un service créé par l'organe délibérant d'une commune ne pourra être supprimé que par ce même organe.

En revanche, les services obligatoires ne peuvent être supprimés. Au niveau de l'État, cela correspond aux services publics constitutionnels, dont l'existence et l'organisation sont imposées par la Constitution. De même, les collectivités territoriales doivent elles aussi assurer des services obligatoires dont la gestion leur est imposée par les différentes lois de décentralisation; elles ne peuvent donc pas procéder à la suppression d'une telle activité.

2. La gestion du service public

La collectivité publique qui a créé le service dispose en la matière de plusieurs options : elle peut choisir de le gérer directement en régie, mais aussi confier la gestion de l'activité à une structure *ad hoc* ou la déléguer à une personne privée.

1. Le choix du mode de gestion

Il appartient à l'autorité administrative qui a créé le service de déterminer le mode de gestion de l'activité d'intérêt général. C'est une question d'opportunité et l'autorité administrative dispose en principe d'une grande liberté pour adopter la solution qui lui semble la plus adéquate (CE, 28 juin 1989, *Syndicat du personnel des industries électriques et gazières du centre de Grenoble*, *RFDA* 1989, p. 929 ; CE, 18 mars 1988, *Loupias*, Rec. p. 668).

Toutefois, cette faculté de choix est exclue pour certaines activités ; tel est le cas notamment des services de police, qui, par leur nature, ne sauraient être délégués (CE, Section, 23 mai 1958, *Consorts Amoudruz*, Rec. p. 301).

2. La gestion directe du service public par la collectivité publique

Le service sera géré en régie, ce qui signifie que la personne publique qui l'a créé le gère directement, sans conférer à cette activité la personnalité morale.

Cette formule est particulièrement simple mais, dans la pratique, elle est plutôt réservée aux services publics administratifs (défense nationale, éducation, état civil, par exemple).

3. La gestion du service public par un établissement public

Dans cette hypothèse, la personne publique décide d'octroyer une certaine autonomie au service grâce à la création d'une structure *ad hoc*, telle qu'un établissement public.

Il existe plusieurs catégories d'établissement public : les établissements à caractère administratif, à caractère industriel et commercial, à caractère scientifique, ou culturel, ou encore les établissements publics locaux (centres communaux d'action sociale ou offices municipaux de tourisme, par exemple).

L'établissement public est un procédé de décentralisation technique : c'est une personne morale de droit public gérant un service public, il est distinct de la personne publique tout en étant rattaché à elle.

L'établissement public est une personne morale soumise au principe de spécialité, qui a une double fonction : d'une part, il garantit l'établissement contre les empiètements éventuels des autres personnes publiques ; d'autre part, il limite le champ d'action de l'établissement public au seul service à gérer. Chaque établissement public reçoit une mission précise au-delà de laquelle il ne doit pas intervenir, en vertu du principe de spécialité.

4. La gestion du service public par une personne privée

Un service public peut être confié à une personne privée par le biais d'une habilitation unilatérale (législative ou réglementaire) ou d'une habilitation contractuelle (délégation de service public).

a) L'habilitation unilatérale

Depuis l'arrêt du Conseil d'État du 13 mai 1938, *Caisse primaire « Aide et protection »* (cité page 20), il est admis qu'une personne privée peut gérer un service public en dehors de tout procédé de concession, c'est-à-dire en dehors de toute habilitation contractuelle.

L'habilitation peut résulter directement d'une loi, comme c'est le cas pour le service public des télécommunications, dont la gestion est confiée par la loi à une société de droit privé, France Télécom (loi n° 96-660 du 26 juillet 1996 relative à l'entreprise nationale France Télécom, *JO* du 27 juillet 1996, p. 11398 ; loi n° 2003-1365 du 31 décembre 2003 relative aux obligations du service public des télécommunications et à France Télécom, *JO* 1er janvier 2004, p. 9).

b) L'habilitation contractuelle : la délégation de service public

Présentation

La notion de délégation de service public a été consacrée par la loi du 6 février 1992 sur l'administration territoriale de la République (loi n° 92-125, *JO* 8 février 1992, p. 2064), puis reprise par celle du 29 janvier 1993 relative à la prévention de la corruption et à la transparence de la vie économique et des procédures publiques (loi n° 93-122, *JO* 30 janvier 1993, p. 3088). Cette notion a également été précisée par la loi du 11 décembre 2001 portant mesures urgentes de réformes à caractère économique et financier (loi n° 2001-1168, *JO* 12 décembre 2001, p. 19703). Plus récemment, la directive européenne n° 2014/23/UE du 26 février 2014 (*JOUE* 28 mars 2014) sur l'attribution de contrats de concession a apporté des précisions complémentaires au regard des exigences du droit de l'Union européenne.

Plusieurs éléments ressortent de la définition de la notion de délégation de service public :
– la délégation de service public est un contrat administratif ;
– l'autorité délégante est une personne publique ;
– la délégation est conclue avec un délégataire public ou privé ;
– la délégation a pour objet de confier au délégataire l'exploitation totale ou partielle d'un service public ;
– la rémunération du délégataire doit provenir pour l'essentiel des résultats de l'exploitation, ce qui signifie qu'il doit supporter les risques liés à celle-ci (CE, 7 novembre 2008, *Département de la Vendée*, *AJDA* 2008, p. 2454, note L. Richer). Cette exigence a par ailleurs été rappelée par la directive du 26 février 2014, le risque d'exploitation étant le critère qui permet de distinguer un contrat de concession d'un marché public.

Il convient également d'indiquer que le délégataire reste soumis au contrôle de la collectivité délégante. Il doit fournir à l'autorité administrative un rapport annuel qui retrace la totalité des opérations afférentes à l'exécution du service public et qui contient une analyse de la qualité du service.

Les principaux contrats de délégation de service public

- **La concession**

Par le biais d'un contrat de concession, la personne publique concédante charge le concessionnaire d'exploiter le service public à ses frais et risques, c'est-à-dire à ses risques et périls.

- **L'affermage**

Ce procédé se distingue de la concession car la prise en charge initiale des équipements et infrastructures nécessaires au service appartient en principe à la collectivité délégante. En contrepartie de l'utilisation des infrastructures et des équipements qu'il n'a pas construits, le fermier verse à l'administration une contribution destinée à l'amortissement des frais liés à ces équipements et infrastructures.

- **La régie intéressée**

C'est un contrat par lequel la collectivité finance elle-même l'établissement du service dont elle confie l'exploitation à une personne de droit privé qui assume la gestion du service pour le compte de la collectivité. Dans ce cas, la rémunération de la personne privée n'est pas assurée directement par les usagers, le gestionnaire du service perçoit une prime versée par la collectivité et calculée en fonction du chiffre d'affaires. La personne privée reçoit néanmoins une part du résultat de l'exploitation, même si cette part est versée par la collectivité et non perçue directement sur les usagers.

Les contrats de partenariat public-privé

Ce sont des montages contractuels qui visent principalement à faire préfinancer des équipements publics par le secteur privé. S'ils n'ont pas été conçus dans l'optique d'en faire des contrats de délégation de service public, la pratique tend à démontrer qu'ils peuvent inclure un transfert d'une activité de service public vers une personne privée. Or, ces contrats ne sont pas soumis aux règles applicables aux délégations de service public.

Les contrats de partenariat ont été définis par l'ordonnance du 17 juin 2004, reprise par la loi n° 2008-735 du 28 juillet 2008 (*JO* 29 juillet 2008, p. 12144) : « *Il s'agit d'une mission globale relative au financement d'investissements immatériels, d'ouvrages ou d'équipements nécessaires au service public, à la construction ou transformation des ouvrages ou équipements, ainsi qu'à leur entretien, leur maintenance, leur exploitation ou leur gestion et, le cas échéant, à d'autres prestations de services concourant à l'exercice, par la personne publique, de la mission de service public dont elle est chargée.* » La rémunération du cocontractant fait l'objet d'un paiement par la personne publique pendant toute la durée du contrat ; elle peut être liée à des objectifs de performance assignés au cocontractant. À la différence de la délégation de service public, la définition des contrats de partenariat public-privé ne fait pas référence au critère de la rémunération fondée sur le risque d'exploitation. Il s'agit donc de deux contrats de nature différente, même s'ils peuvent tous deux servir au transfert d'une activité de service public à une personne privée.

Retenir l'essentiel

La gestion de services publics est l'une des principales activités de l'administration, dans la mesure où elle a pour mission de satisfaire l'intérêt général. Si ces activités sont soumises à des principes communs régissant leur création et leur fonctionnement, elles se caractérisent aussi par leur diversité, qu'il s'agisse de leur objet (distinction SPA/SPIC) ou de leur mode de gestion.

CHAPITRE 2

La police administrative

Les principes applicables en la matière ont été forgés par le juge administratif, même si différentes lois sectorielles ont été adoptées à la fin du XIXe siècle (loi du 30 juin 1881 sur la police des réunions, loi du 29 juillet 1881 sur la police de la presse, loi du 5 avril 1884 sur celle de la circulation). Le juge administratif n'a pas tardé à intervenir afin de fixer un cadre juridique et de préciser la notion de police administrative.

Par son arrêt *Labonne* du 8 août 1919, le Conseil d'État a défini le pouvoir de police générale du Premier ministre, qui s'exerce pour lutter préventivement contre une menace de trouble à l'ordre public, *« en dehors de toute délégation législative et en vertu [des] pouvoirs propres [de l'exécutif] »* (CE, 8 août 1919, *Labonne*, Rec. p. 737).

La police administrative ne cessera de se développer durant tout le XXe siècle, renforçant considérablement les pouvoirs de l'administration. Aussi le juge administratif a-t-il été amené rapidement à créer un régime juridique visant à concilier les droits et libertés du citoyen et les pouvoirs des autorités de police.

L'action des autorités de police s'inscrit évidemment dans le respect de l'État de droit. Ainsi, différentes dispositions constitutionnelles et *supra*-constitutionnelles définissent le cadre dans lequel s'exerce ce pouvoir de police. À cet égard, selon l'article 66 de la Constitution, *« nul ne peut être arbitrairement détenu. L'autorité judiciaire, gardienne de la liberté individuelle, assure le respect de ce principe dans les conditions prévues par la loi. »* Le juge constitutionnel a même rappelé la compétence du juge judiciaire pour toute mesure de police qui aboutirait à une interdiction prolongée de la liberté d'aller et de venir (Cons. const., déc. n° 97-389 DC, 22 avril 1997). Le Conseil constitutionnel veille d'ailleurs régulièrement à l'existence d'un contrôle par le juge judiciaire. Il n'a pas hésité à censurer une partie de la loi n° 2006-64 du 23 janvier 2006 relative à la lutte contre le terrorisme, qui instituait une procédure de réquisition administrative destinée à collecter des données liées à une connexion internet, au motif que ce dispositif ne prévoyait pas un contrôle par le juge judiciaire (Cons. const., déc. n° 2005-532 DC, 19 janvier 2006).

Le droit supranational réglemente aussi les pouvoirs de police. La Convention européenne des droits de l'homme a d'ailleurs inscrit une clause d'ordre public dans la plupart des droits garantis. Ce faisant, des motifs d'ordre public peuvent être invoqués pour réglementer ou interdire certaines activités lorsque l'exercice de ce droit ou de cette liberté porterait atteinte à l'ordre public ou à l'exercice même de ce droit.

Enfin, l'article 15 de la Convention européenne des droits de l'homme habilite les États à déroger à celle-ci en cas de « *danger public menaçant la vie de la nation* », réserve faite d'un noyau dur de droits (droits à la vie, à ne pas subir de peines et traitements inhumains, à ne pas être soumis à des mesures d'esclavage ou de servitude et à ne pas être condamné par une loi rétroactive).

De façon très générale, la police administrative repose sur un objet – l'ordre public –, une finalité – la sauvegarde préventive de cet ordre – et un régime, porté vers la conciliation des exigences de l'ordre public et des droits individuels.

Section 1
La notion de police administrative

1. La distinction entre police administrative et police judiciaire

La notion de police administrative a dû rapidement se différencier de celle de police judiciaire. Toutefois, cette distinction ne peut pas être opérée par un critère organique, car ce sont les mêmes autorités et le même personnel qui agissent, selon les cas, au titre de la police administrative ou de la police judiciaire, d'où l'existence de deux types de police.

Si la police administrative a pour finalité la préservation de l'ordre public, celle de la police judiciaire est de constater les infractions, d'en rechercher les auteurs et de les livrer aux tribunaux. Aussi les règles applicables et les tribunaux compétents sont-ils différents. La police administrative se trouve principalement régie par des règles de droit administratif soumises au contrôle du juge administratif, tandis que la police judiciaire dépend des règles de procédure pénale et de droit pénal encadrées par le juge judiciaire, sauf cas particulier comme l'action contre une personne publique et des personnels de police ou des collaborateurs occasionnels de la police.

Relèvent de la police judiciaire les actes et les opérations destinés à réprimer une infraction déterminée. Il peut d'ailleurs s'agir d'infractions sur le point d'être commises, comme dans le cas des pièges pour les flagrants délits (TC, 27 juin 1955, *Dame Barbier*, Rec. p. 624). Si le comportement d'un individu est de nature à laisser croire qu'il va commettre un délit, les opérations de contrôle d'identité, de poursuite et d'arrestation relèvent de la police judiciaire (TC, 15 janvier 1968, *Consorts Tayeb*, Rec. p. 791).

En réalité, la distinction entre une opération de police administrative (OPA) et une opération de police judiciaire (OPJ) repose principalement sur un critère finaliste. Toutefois, ce dernier conduisant parfois à des distinctions ambiguës, il a été complété dans certains cas par la recherche de l'intention répressive des agents.

1. La distinction fondée sur la finalité des opérations de police

La jurisprudence, par deux arrêts de 1951 (CE, 11 mai 1951, *Consorts Baud*, S. 1952. 3, p. 13, et TC, 7 juin 1951, *Dame Noualek*, Rec. p. 636), a érigé le critère finaliste pour distinguer la police administrative de la police judiciaire. Ainsi, la police administrative a un rôle préventif et de surveillance, elle est destinée à maintenir l'ordre public. À l'inverse, la police judiciaire, à la lumière de l'article 14 du Code de procédure pénale, doit rechercher et constater les infractions, rassembler les preuves et identifier les auteurs en les appréhendant. Dès lors, la police judiciaire exerce sa mission sous la direction du procureur de la République (article 12 du Code de procédure pénale), sous le contrôle de la chambre de l'instruction (article 13).

2. Les distinctions ambiguës

Rapidement, cette distinction est apparue limitée s'agissant d'un certain nombre d'hypothèses.

Tout d'abord, une même opération peut se transformer en cours d'exécution. Dans l'affaire *Le Profil* (TC, 12 juin 1978, *Société Le Profil*, Rec. p. 649), une société de transfert de fonds avait été dévalisée par des malfaiteurs. Deux fautes coexistaient : une faute de police administrative – les agents de police n'ayant pas pu empêcher l'agression – et une faute de police judiciaire – ces mêmes personnels n'ayant pas poursuivi les agresseurs.

L'utilisation du critère du but aurait contraint la société victime à intenter simultanément deux actions en justice : l'une devant le juge administratif pour obtenir réparation de la faute de police administrative commise à l'occasion d'une opération de police administrative ; l'autre devant le juge judiciaire afin d'obtenir réparation de la faute de police judiciaire commise à l'occasion d'une opération de police judicaire.

Le Tribunal des conflits a estimé que le préjudice résultait essentiellement de la faute de police administrative et c'est au juge administratif qu'est revenu le soin de trancher le litige tenant à la réparation des conséquences des deux fautes (TC, 12 juin 1978, *Société Le Profil*, cité ci-dessus). Aux termes de cette affaire, il faut tenir compte de la nature de l'opération de police la plus déterminante.

D'autres jurisprudences illustrent la transformation d'une opération de police. Lors d'un barrage de police, si un coup de feu est tiré sur une voiture qui tente de le forcer, il s'agit au moment même où il est forcé d'une opération de police administrative (CE, 24 juin 1949, *Lecomte et Daramy,* Rec. p. 307) ; mais si le coup de feu est tiré après le barrage, pendant une poursuite, le juge judiciaire redevient compétent car l'opération constitue alors une opération de police judiciaire (TC, 5 décembre 1977, *Demoiselle Motsch*, Rec. p. 671), notamment en l'espèce du fait des nombreuses infractions commises au cours de la poursuite.

Plus récemment, le Tribunal des conflits a considéré que l'interpellation et l'arrestation d'une personne par un policier à la suite d'un refus d'obtempérer se rattachent à une mission de police judiciaire, même si l'intervention initiale du policier s'est effectuée dans un cadre cherchant à garantir le bon déroulement de festivités (TC, 26 septembre 2005, *Chauvel c/ Ministre de l'Intérieur,* req. n° 3461).

Cette distinction entre OPA et OPJ s'avère plus obscurcie encore par certains articles législatifs qui emploient un vocabulaire mélangeant ces deux types de police. Ainsi, l'article L. 2212-2 du Code général des collectivités territoriales (CGCT) précise que le maire doit *« réprimer les atteintes à la tranquillité publique »*. Par ailleurs, notons que l'expulsion d'un étranger n'a pas le caractère d'une sanction mais d'une mesure de police administrative destinée à protéger l'ordre public (CE, 20 janvier 1988, *Ministre de l'Intérieur c/ Elfenzi*, Rec. p. 17).

3. L'intention répressive des agents

La jurisprudence fait parfois appel à l'intention répressive des agents. Dans cette optique, le juge cherche à déceler l'intention réelle des agents, effectuant presque une analyse psychologique. Ainsi, pour admettre la nature judiciaire d'un acte, le juge retient que des agents ont pu estimer que le comportement d'une personne *« était de nature à laisser supposer qu'elle se disposait à commettre un délit »* (TC, 15 janvier 1968, *Consorts Tayeb*, Rec. p. 791). De même, des saisies de journaux qui ont *« pour objet, non de constater des crimes ou délits contre la sûreté intérieure ou la sûreté extérieure de l'État et d'en livrer les auteurs aux tribunaux chargés de les punir, mais d'empêcher [une] diffusion [...] présentent, en réalité, le caractère de mesures administratives »* (CE, Ass., 24 juin 1960, *Société Frampar,* Rec. p. 412).

2. Les buts d'ordre public

Si le contenu de l'ordre public a été défini très tôt, on observe depuis plusieurs décennies un élargissement de ses composantes traditionnelles.

1. Les composantes traditionnelles de l'ordre public

Traditionnellement, l'ordre public renvoie à *« l'ordre matériel et extérieur »* [1], c'est-à-dire : la sécurité publique, la tranquillité publique et la salubrité publique. Cette définition, héritée du XIXe siècle, s'avère conforme à la volonté de la police administrative de permettre l'essor des libertés. Ainsi, les mesures de police restreignant les libertés doivent demeurer exceptionnelles. Cette définition se retrouve d'ailleurs dans le CGCT, à l'article L. 2212-2, selon lequel la police comprend :

« 1) tout ce qui intéresse la sûreté et la commodité du passage dans les rues, quais, places et voies publiques [...];

2) le soin de réprimer les atteintes à la tranquillité publique telles que les rixes et disputes accompagnées d'ameutement dans les rues [...];

3) le maintien du bon ordre dans les endroits où il se fait de grands rassemblements d'hommes [...];

4) l'inspection sur la fidélité du débit des denrées qui se vendent au poids ou à la mesure, et sur la salubrité des comestibles exposés en vue de la vente; [...]

6) le soin de prendre provisoirement les mesures nécessaires contre les personnes atteintes de troubles mentaux dont l'état pourrait compromettre la morale publique [...] ».

Cette conception, empreinte de libéralisme, s'est progressivement étendue à de nombreux autres motifs d'ordre public, restreignant d'autant les libertés, mais elle correspond à des besoins d'ordre public.

2. L'extension de la notion d'ordre public

Le juge administratif, conformément aux attentes de la société, a durci sa jurisprudence au fil des années, élargissant considérablement le concept d'ordre public.

1. Maurice Hauriou, *Précis de droit administratif*, 1892.

Ainsi, le juge administratif est intervenu en matière de moralité publique. Il ne se soucie toutefois de la moralité que dans la mesure où des atteintes à ladite moralité auraient des répercussions sur la tranquillité, la sécurité ou la salubrité publiques. Dès lors, un maire peut interdire la représentation d'un film si sa projection *« est susceptible d'entraîner des troubles sérieux »* dans sa commune (CE, Section, 18 décembre1959, *Société « Les films Lutétia »*, Rec. p. 693 ; CE, 26 juillet 1985, *Ville d'Aix-en-Provence*, Rec. p. 236). À l'inverse, le caractère immoral ne peut motiver à lui seul une interdiction en dehors de *« circonstances locales particulières »* (CE, 8 décembre 1997, *Commune d'Arcueil,* req. n° 171134).

L'autorité de police municipale peut même, en l'absence de *« circonstances locales particulières »*, interdire une attraction qui porte atteinte au respect de la dignité de la personne humaine. C'est ce qu'a admis récemment le Conseil d'État en affirmant que *« le respect de la dignité de la personne humaine est une des composantes de l'ordre public »* (CE, Ass., 27 octobre 1995, *Ville d'Aix-en-Provence* et *Commune de Morsang-sur-Orge,* Rec. p. 372). Un maire peut aussi, *« en l'absence de circonstances locales particulières »*, interdire les spectacles de *« lancer de nains »*, même si les personnes en cause sont parfaitement consentantes. Pour certains auteurs, le Conseil d'État imposerait ses propres conceptions morales à la société. La position du juge administratif repose cependant sur d'autres évolutions juridiques. Ainsi, le respect de la dignité de la personne humaine a été considéré par le Conseil constitutionnel comme un principe à valeur constitutionnelle (Cons. const., 27 juillet 1994, déc. n° 94-343 DC). La Cour de justice de l'Union européenne (dénommée jusqu'en 2009 « Cour de justice des Communautés européennes » – CJCE), quant à elle, a estimé qu'il s'agissait d'un principe général du droit communautaire pouvant justifier des restrictions. Cela concernait en l'espèce l'interdiction d'un jeu visant à faire semblant de tuer des cibles humaines avec un laser (CJCE, 14 octobre 2004, *Omega*, aff. C-36/02).

Par ailleurs, le maire peut user de son pouvoir de police en fonction de circonstances locales concernant des interdictions de circuler à l'égard des mineurs de moins de 13 ans. Le juge administratif (CE, 9 juillet 2003, *Lecomte*, *BJCL* 2003, p. 816) a admis, à ce sujet, la légalité d'arrêtés anti-circulation, dans l'hypothèse où ces interdictions étaient limitées à certains secteurs et qu'elles ne prenaient effet qu'à partir de 23 heures. En outre, le juge a ajouté une condition tenant à l'existence de risques particuliers : il faut que ces derniers se soient déjà produits. D'autres exemples illustrent l'élargissement de la notion d'ordre public. Ainsi, la loi du 11 octobre 2010 pose l'interdiction de la dissimulation du visage dans l'espace public, ainsi que des mesures de police en cas de non-respect.

3. La distinction entre police administrative générale et police administrative spéciale

L'ordre public est susceptible de revêtir deux formes. Il est « général » lorsque l'autorité de police, en dehors de toute habilitation textuelle comme dans le cas du président de la République et du Premier ministre, exerce sa compétence sur un territoire donné à l'égard de toute activité et de toute personne.

Il est « spécial » si un texte précise le champ d'application, le contenu ou les modalités de mise en œuvre des pouvoirs de police. Cette distinction est fondamentale car les procédures de police générale et de police spéciale sont le plus souvent distinctes. Par ailleurs, toute autorité de police administrative n'est pas investie d'un pouvoir de police spéciale. Inversement, des autorités de police spéciale sont incompétentes pour garantir l'ordre public général.

1. La nature de la distinction

Par nature, et au contraire de l'ordre public spécial, l'ordre public général ne doit pas nécessairement être défini, le juge s'assurant simplement que l'acte de police vise à prévenir une atteinte à la sécurité des biens et des personnes.

En réalité, seuls les pouvoirs de police générale du Premier ministre ne font l'objet d'aucune définition textuelle. Il peut donc déterminer les *« mesures de police qui doivent, en tout état de cause, être appliquées dans l'ensemble du territoire »* (CE, 8 août 1919, *Labonne*, Rec. p. 737).

Comme la police administrative générale, les polices administratives spéciales sont des activités de surveillance qui visent à maintenir la paix sociale. Mais alors que la première remplit cette mission en protégeant l'« ordre public », les secondes l'assurent généralement en régissant certaines activités (affichage, cinéma, taxis, etc.) ou certaines catégories d'administrés (les étrangers, par exemple, avec la police de l'expulsion des étrangers, réglementée par l'ordonnance du 2 novembre 1945), ou en poursuivant des buts particuliers (protection de l'esthétique, de l'environnement, du patrimoine culturel notamment) selon des procédures spécifiques (par exemple, la police des édifices menaçant ruine).

2. Les autorités compétentes

Les titulaires du pouvoir de police administrative sont toujours des représentants d'une personne publique. La jurisprudence refuse en effet que l'on puisse confier des pouvoirs de police à une personne privée. La police administrative constitue une activité de service public, qui ne peut faire l'objet d'une délégation à une personne privée. Ainsi, en matière de stationnement, si l'exploitation du stationnement payant souterrain et en surface peut être déléguée, la convention de délégation ne peut prévoir de mettre à la disposition du délégataire les agents municipaux chargés de constater les infractions (CE, 1er avril 1994, *Commune de Menton*, Rec. p. 175). En outre, l'exercice de la police municipale, notamment en vue d'assurer la sécurité sur les voies publiques, n'est pas déléguable (CE, 29 décembre 1997, *Commune d'Ostricourt*, Rec. p. 969).

a) Le président de la République et le Premier ministre

L'arrêt du Conseil d'État *Labonne* du 8 août 1919 a dévolu initialement le rôle d'autorité de police administrative générale au nom de l'État au président de la République, en lui assignant la mission, « *en dehors de toute délégation législative et en vertu de ses pouvoirs propres* », de prendre les règlements de police applicables à l'ensemble du territoire national.

Cette jurisprudence relative aux pouvoirs propres en matière de police a été confirmée par la suite sous les IVe et Ve Républiques (CE, Ass., 13 mai 1960, *SARL Restaurant Nicolas*, Rec. p. 324 ; CE, 2 mai 1973, *Association cultuelle des israélites nord-africains de Paris*, Rec. p. 313) mais le bénéficiaire des pouvoirs est devenu le Premier ministre, et non plus le président de la République.

Le Conseil constitutionnel a considéré que « *l'article 34 de la Constitution n'a pas retiré au chef du gouvernement les attributions de police générale qu'il exerçait antérieurement en vertu de ses pouvoirs propres* » (Cons. const., DC no 87-149 L du 20 février 1987, Rec. p. 22). Contrairement à une idée très répandue, le ministre de l'Intérieur n'est pas une autorité de police générale, ce qui n'enlève rien à son rôle quant à la direction des services de police et à la supervision du maintien de l'ordre public.

b) Les préfets

Le préfet exerce le pouvoir de police au sein de son département (par exemple, la police de la circulation sur les sections de routes nationales situées hors des agglomérations, en vertu de l'article L. 2213-1 du CGCT) et dans certaines circonstances (maintien de l'ordre public si le champ d'application des mesures dépasse le territoire d'une commune) ou en cas de carence de l'autorité municipale.

Notons également que dans le cadre du département, même si cela ne concerne pas les pouvoirs du préfet, le président du conseil général dispose d'un pouvoir de police pour la gestion du domaine départemental, s'agissant notamment de la circulation.

c) Les maires

Traditionnellement, c'est le maire, et lui seul, qui exerce la police administrative générale au nom de la commune (article L. 2212-2 du CGCT). Le conseil municipal n'a aucune compétence en la matière.

Ce pouvoir de *« police municipale »* fait du maire le gardien de l'ordre public local. Au nom de la commune, il peut prendre toutes les mesures qui sont de nature à préserver la tranquillité, la sécurité, la salubrité ou la moralité publiques. C'est ainsi qu'il peut interdire les réunions susceptibles de troubler l'ordre publie (CE, 19 mai 1933, *Benjamin*) ou réglementer l'usage en plein air d'outils à moteur tels que les tondeuses à gazon (CE, 2 juillet 1997, *Bricq*, Rec. p. 275). Le maire exerce la police de la circulation sur les routes communales (article L. 2212-2 du CGCT), ainsi que sur les sections de routes départementales ou nationales situées à l'intérieur des agglomérations (article L. 2213-1 du CGCT).

Dans les communes de plus de 10000 habitants, la police est étatisée et le personnel relève de la police d'État. Une partie du pouvoir d'assurer la tranquillité publique est alors transférée au préfet, qui agit au nom de l'État (police des manifestations et rassemblements occasionnels, des tumultes dans les lieux publics et du tapage nocturne).

3. Le concours entre police spéciale et police générale

a) Les hypothèses de non-cumul

L'existence d'une police administrative spéciale empêche en principe l'intervention de l'autorité de police administrative générale (CE, 20 juillet 1935, *Établissements SATAN*, Rec. p. 847). En effet, la police générale et la police spéciale ne poursuivent pas le même but. Ainsi, sauf urgence, un maire ne peut pas utiliser son pouvoir de police générale en ce qui concerne des installations classées (CE, 15 janvier 1986, *Société Pec-Engineering*, Rec. p. 365) car elles relèvent de la police des installations classées, police spéciale réservée aux préfets.

Cependant, la police générale peut se substituer à une police spéciale poursuivant un but identique lorsque, d'une part, la substitution n'a pas pour effet de contourner une procédure imposée par la police spéciale, et, d'autre part, qu'elle relève d'une seule et même autorité possédant les deux pouvoirs de police (CE, 22 décembre 1993, *Commune de Carnoux-en-Provence*, req. n° 94867).

Le Conseil d'État a par ailleurs affirmé à propos du débat sur les antennes relais, dans trois décisions du 26 octobre 2011 (*Société française de radio-téléphone*, req. n° 326492), que l'exercice, par les autorités de l'État, de leurs compétences de police en matière de fréquences radioélectriques interdisait aux maires d'assurer leur pouvoir de police sur le même objet. Un raisonnement identique a été tenu par le Conseil d'État en matière d'OGM. Dans un arrêt du 24 septembre 2012 (*Commune de Valence c/ Ministre de l'Agriculture, de l'Agroalimentaire et de la Forêt*, req. n° 342990), il a ainsi considéré que *« s'il appartient au maire, responsable de l'ordre public sur le territoire de sa commune, de prendre les mesures de police générale nécessaires au bon ordre, à la sûreté, à la sécurité et à la salubrité publiques, il ne saurait en aucun cas s'immiscer dans l'exercice de cette police spéciale par l'édiction d'une réglementation locale »*.

b) Les exceptions

Malgré tout, dans certaines hypothèses, lorsqu'une même menace de trouble à l'ordre public est susceptible d'intéresser le maire au niveau municipal, le préfet au niveau départemental et le Premier ministre au niveau national, il peut y avoir une action concurrente des autorités de police. Dans ce cas, l'autorité de police la plus étroite géographiquement peut aggraver une mesure de police prise par l'autorité de police générale ayant une compétence géographique plus large, à condition que des circonstances locales justifient cette aggravation (CE, 18 avril 1902, *Commune de Néris-les-Bains*, Rec. p. 275).

Le cumul est donc possible, mais uniquement dans le sens de l'aggravation. Une autorité territorialement plus étroite ne peut toutefois pas alléger une mesure prise par une autorité à compétence territoriale plus large.

Section 2
Le régime juridique des mesures de police

Contrairement à d'autres services publics, l'autorité de police ne peut pas recourir au procédé contractuel. Dès lors, tout contrat qui transférerait à une personne privée un pouvoir de police serait entaché d'illégalité (CE, Ass., 17 juin 1932, *Ville de Castelnaudary*, Rec. p. 595). Bien sûr, cette impossibilité de conclure une convention avec une personne privée concerne les actes juridiques mais également les activités matérielles (Tribunal administratif de Versailles, 17 janvier 1986, *Commissaire de la République de Seine-et-Marne*, Rec. p. 303). Cette interdiction se justifie principalement par la nature des pouvoirs de police, qui relèvent pleinement de la puissance publique. Néanmoins, le procédé contractuel est admis lorsqu'il ne dessaisit pas l'autorité de police. Dès lors, certains procédés, que l'on peut considérer comme une marque de contractualisation, ont été admis. Ainsi en est-il des contrats locaux de sécurité signés par les préfets, les procureurs de la République et les maires dans les communes présentant d'importants problèmes de sécurité. Ces contrats définissent des objectifs de sécurité prioritaires, un plan d'action et des moyens pour y parvenir. D'autres mécanismes se rapprochent du procédé contractuel mais relèvent plus d'une concertation ou d'une incitation. À titre d'exemple, la loi n° 2001-1062 du 15 novembre 2001 relative à la sécurité quotidienne pose le principe d'une concertation si les moyens envisagés par les organisateurs paraissent insuffisants pour garantir le bon déroulement d'un rassemblement à caractère festif.

I. Le contenu des mesures de police

1. La nature des mesures

Le procédé de la police administrative regroupe en réalité des mesures très diverses. On en distingue plusieurs catégories : la réglementation, la déclaration, l'autorisation, les interdictions ou encore l'injonction de réaliser.

Ces catégories de mesure se retrouvent de façon disparate dans le droit positif. Ainsi, en cas de non-respect des règles du Code de la route, un véhicule peut être immobilisé (Code de la route, article L. 224-2). Dans d'autres hypothèses, l'autorité de police a le pouvoir d'euthanasier un animal lorsqu'il est susceptible de présenter un danger sanitaire (Code rural, article L. 211-11).

Le pouvoir de police peut également se manifester par le retrait d'autorisations en cas de non-respect de différentes normes.

Cependant, l'obligation de police administrative la plus radicale consiste dans l'énoncé d'une obligation de faire ou de ne pas faire. Le choix d'un tel procédé devrait s'imposer à défaut d'autres solutions alternatives. Dans certains domaines, il prospère pourtant alors que d'autres modes d'action moins rigoureux pourraient être explorés. Il est vrai qu'il laisse toute latitude à l'autorité pour contraindre, voire menacer, un récalcitrant.

2. Le régime juridique

a) L'interdiction des régimes de déclaration préalable sans autorisation législative

Le législateur est seul compétent pour décider de soumettre à un régime d'autorisation ou de déclaration préalable l'exercice d'une liberté publique. Aussi, le juge administratif n'a pas hésité à annuler des règlements de police subordonnant à une autorisation l'activité de photographes-filmeurs professionnels (CE, Ass., 22 juin 1951, *Daudignac*, Rec. p. 362) ou l'utilisation de pistes de ski (CE, 22 janvier 1982, *Association Foyer de ski de fond de Crévoux, AJDA* 2002, p. 392). Une dérogation en la matière peut être autorisée uniquement lorsque l'exercice de la liberté en cause suppose une occupation privative du domaine public (CE, 17 janvier 1986, *Mansuy*, *AJDA* 1986, p. 185).

b) L'interdiction des mesures de caractère général

Si l'autorité de police peut réglementer même sévèrement des activités privées, elle ne doit pas, en principe, aller jusqu'à adopter des interdictions générales et absolues. Plusieurs exemples peuvent être cités : l'interdiction de vendre des journaux « *aux abords* » du stade Roland-Garros pendant le tournoi (CE, 22 juin 1984, *Société Le monde du tennis*, Rec. p. 245), l'interdiction des activités musicales et des attractions de toute nature dans l'ensemble des voies et places de Paris réservées aux piétons (CE, Sect., 4 mai 1984, *Préfet de police c/ Guez*, Rec. p. 164), l'interdiction de la « mendicité » dans tout le centre-ville ou l'interdiction pour les mineurs de moins de 12 ans non accompagnés de circuler entre minuit et 6 heures.

Cependant, le principe de l'interdiction des mesures générales peut être écarté dans le cas où il est impossible de maintenir l'ordre public par des mesures moins contraignantes.

c) L'interdiction des mesures non proportionnelles

Le juge administratif veille, quant à lui, à ce que les autorités de police administrative générale ne portent pas atteinte à l'exercice d'une liberté publique, au-delà de ce qui est nécessaire au maintien de l'ordre. Afin d'empêcher tout arbitraire de l'administration en la matière, il soumet les actes à un contrôle dit « maximum ». Celui-ci consiste à vérifier la proportionnalité de la mesure de police attaquée par rapport au motif invoqué par l'autorité administrative pour la justifier. Toute disproportion, même légère, entraîne la censure de la mesure (CE, 19 mai 1933, *Benjamin*, Rec. p. 541).

Pour le juge administratif, la liberté est la règle et la restriction de police l'exception. Il vérifie si des mesures moins sévères n'auraient pas été suffisantes pour maintenir l'ordre public. Dans le cas où des mesures moins contraignantes ne sont pas applicables, le juge peut admettre la légalité d'une interdiction.

d) L'obligation d'agir

L'obligation d'agir en cas de menace à de l'ordre public

Des atteintes à l'ordre public doivent entraîner une action du pouvoir de police. L'apparition d'obligation pesant sur les autorités de police devient de plus en plus nette ; la consécration de la sécurité par le législateur a été clairement affirmée par l'article 1er, alinéa 2, de la loi n° 2001-1062 du 15 novembre 2001 relative à la sécurité quotidienne, selon lequel la sécurité « *est un devoir pour l'État, qui veille, sur l'ensemble du territoire de la République, à la protection des personnes, de leurs biens et des prérogatives de leur citoyenneté, à la défense de leurs institutions et des intérêts nationaux, au respect des lois, au maintien de la paix et de l'ordre publics* ».

En cas d'abstention, la responsabilité de l'autorité de police sera sanctionnée par le juge administratif. L'autorité de police est en effet obligée d'édicter un règlement de police lorsque celui-ci est nécessaire pour faire cesser un trouble grave à l'ordre public (CE, 23 octobre 1959, *Doublet*, Rec. p. 680), d'appliquer les règlements légaux en vigueur (CE, Sect., 14 décembre 1962, *Doublet*) ou d'édicter des actes individuels de police (prendre un arrêté de péril, par exemple). De plus, elle doit prendre toutes les mesures matérielles nécessaires pour faire face à l'éventualité d'accidents, d'autant que, par ailleurs, sa responsabilité pénale sera fréquemment recherchée. Évidemment, l'existence d'un texte et, *a fortiori*, d'une loi précise facilitera l'engagement de la responsabilité administrative en cas d'inaction.

Par exemple, l'État commet une faute lourde en ne prévoyant aucune mesure pour prévenir un danger public prévisible alors que ses services avaient été informés à plusieurs reprises des risques de saccage d'un entrepôt de fruits et légumes par des agriculteurs (CAA Marseille, 21 février 2005, *Ministre de l'Intérieur*, req. n° 02MA01615). La faute de l'autorité de police doit toutefois être avérée. Ainsi, la responsabilité d'une commune est écartée lorsqu'un entrepreneur procède aux travaux de démolition d'un immeuble menaçant ruine sans se préoccuper du risque pour le voisinage.

L'obligation d'agir de manière efficace

L'intervention de l'autorité de police doit se concrétiser par des mesures efficaces atteignant leurs buts. Un excellent exemple de la nature de l'obligation pesant sur l'État a été donné par le Conseil d'État dans un arrêt du 20 octobre 1972 (*Ville de Paris c/ Marabout*, Rec. p. 664). Dans cette affaire, le riverain d'une voie très encombrée ne pouvait plus rentrer à son domicile en raison du stationnement anarchique des véhicules, l'autorité municipale ayant interdit le stationnement. Toutefois, aucun agent n'avait vérifié cet élément. Comme le rappelle le juge, *« les difficultés que la police de la circulation rencontre à Paris n'exonèrent pas les services municipaux de l'obligation qu'ils ont de prendre des mesures appropriées, réglementaires ou d'exécution pour que les interdictions édictées soient observées et pour que le droit d'accès des riverains soit préservé »* (CE, 20 octobre 1972, *Ville de Paris c/ Marabout*, cité plus haut).

2. Le caractère exécutoire de l'acte de police

1. L'interdiction de recourir au juge

Selon une jurisprudence traditionnelle, l'administration ne peut pas saisir le juge pour obtenir le prononcé de mesures qu'elle pourrait elle-même édicter (CE, 30 mai 1913, *Préfet de l'Eure*, Rec. p. 583). Ce privilège du préalable concerne bien sûr l'exécution d'un acte de police. Le recours au juge n'est admis que si l'administration établit une situation d'urgence. À cette interdiction de recourir au juge s'ajoute celle d'enjoindre à une personne privée d'appliquer une mesure de police.

2. Les conséquences juridiques

a) Le pouvoir d'action d'office

De nombreuses lois investissent l'autorité de police spéciale d'un pouvoir d'action d'office. La loi accompagne par ailleurs l'exécution d'office de garanties pour les personnes concernées (mise en demeure, consultation d'une instance, motivation, respect des droits de la défense...). Pour sa part, le juge s'assure de la compétence de l'autorité de police et de la nécessité du recours au pouvoir d'action d'office (CE, 6 avril 1998, *SARL Anciens établissements Ousteau et Cie*, req. nº 142845).

b) Le pouvoir de réquisition

L'existence de pouvoirs de réquisition spécifiques n'interdit pas à l'autorité de police générale d'exercer ses prérogatives pour réquisitionner des locaux nécessaires au logement des familles sans abri (CE, 29 décembre 1997, *Préfet du Val-de-Marne*, n° 172556).

Ces prérogatives existent sans texte (CE, 1er mars 1954, *Pichegru*, Rec. p. 883). Elles doivent être actionnées « à titre exceptionnel » et être justifiées par l'urgence pour résoudre un trouble grave à l'ordre public. Le pouvoir de réquisition doit donc être immédiatement suspendu dès que la situation d'urgence a disparu (CE, 18 mars 1949, *Devèze*, Rec. p. 806).

Retenir l'essentiel

Les pouvoirs de police permettent de faire respecter l'ordre public sur le territoire national. Toutes les personnes publiques participent à cette mission, une place prépondérante étant accordée au préfet. Les décisions de pouvoir de police doivent répondre à certaines conditions pour être légales.

Partie 2

La fonction publique

Introduction à la fonction publique

La fonction publique regroupe l'ensemble des agents travaillant dans les services publics de l'État, des collectivités territoriales et des établissements publics hospitaliers. En 2011, elle regroupe environ 5,4 millions de personnes (*Rapport annuel sur l'état de la fonction publique*, 2014), ce qui représente un emploi sur cinq en France. Les tableaux et graphiques ci-après détaillent la répartition de l'emploi public entre fonctions publiques ainsi que son évolution.

Effectifs physiques, effectifs en équivalents temps plein (ETP) et en équivalents temps plein annualisés par type d'employeur en 2011, en France (métropole + DOM)

	Effectifs physiques au 31/12/2011	ETP au 31/12/2011	EQTP annualisés en 2011
Ministères	1 965 867	1 888 528	1 905 989
EPA	432 805	392 320	409 375
Total FPE	**2 398 372**	**2 280 848**	**2 315 364**
Régions	80 037	76 884	76 418
Départements et établissements départementaux	358 204	336 974	342 303
Secteur communal	1 392 422	1 249 997	1 285 660
Total FPT	**1 830 663**	**1 663 854**	**1 704 381**
Hôpitaux	1 020 554	942 661	951 933
Établissements d'hébergement pour personnes âgées	76 266	69 726	69 481
Autres établissements médicosociaux	32 618	27 865	27 946
Total FPH	**1 129 438**	**1 040 252**	**1 049 360**
Total 3 FP	**5 358 773**	**4 984 954**	**5 069 105**

Source : *Rapport annuel sur l'état de la fonction publique*, 2013.

Évolution des effectifs des trois fonctions publiques depuis 2002, en France (métropole + DOM) (base 100 au 31 décembre 2002)

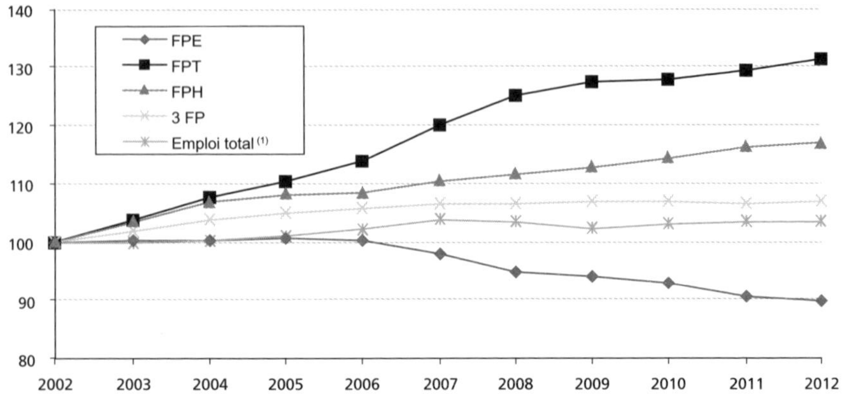

Sources : Colter, DADS, SIASP, Insee. Traitement DGAFP, département des études et des statistiques.

Champ 3 FP : emplois principaux, tous statuts. Hors bénéficiaires de contrats aidés. France entière = Métropole + DOM (hors COM et étranger).

Champ emploi total : salariés et non-salariés des secteurs public et privé, y compris bénéficiaires de contrats aidés.

Source : *Rapport annuel sur l'état de la fonction publique*, 2014.

La fonction publique comporte de nombreuses catégories d'agents publics. Le fonctionnaire, régi par un ensemble de règles qui lui est propre, constitue évidemment la catégorie la plus importante. Agent historique du service public administratif, il est donc fondamentalement lié à une personne publique.

Un fonctionnaire se caractérise, en premier lieu, par une relation particulière qui le lie à son employeur, l'administration (État, collectivité territoriale, hôpital). Il se trouve régi par le statut général de la fonction publique, c'est-à-dire un ensemble de lois qui détermine les principes communs du travail dans la fonction publique (conditions de recrutement, de travail, de rémunération, droits et obligations du fonctionnaire…). Les trois textes de base actuellement sont les suivants :
– la loi n° 84-16 du 11 janvier 1984 pour la fonction publique de l'État (Titre II du statut général des fonctionnaires de l'État et des collectivités territoriales) ;

– la loi nº 84-53 du 26 janvier 1984 pour la fonction publique territoriale (Titre III du statut général);
– la loi nº 86-33 du 9 janvier 1986 pour la fonction publique hospitalière (Titre IV du statut général).

L'élaboration d'un statut propre à la fonction publique a permis de protéger le fonctionnaire de l'emprise du pouvoir politique en lui garantissant un recrutement et une évolution de carrière indépendants du pouvoir politique. Néanmoins, l'essor des emplois fonctionnels, c'est-à-dire des emplois dont le recrutement et la fin sont décidés par le pouvoir politique, ainsi que le mouvement de fonctionnarisation des élites politiques expliquent la disparition progressive de la frontière entre les fonctionnaires et le pouvoir politique.

Historiquement, le droit de la fonction publique s'est élaboré par la construction de la carrière des agents. Ce système, basé sur le recrutement par concours et prévoyant une formation souvent généraliste et un avancement par le biais d'une grille indiciaire, permet de faire prévaloir certaines valeurs qui fondent le service public : la neutralité, l'impartialité et l'égalité d'accès à la fonction publique.

D'autres évolutions impactent le droit de la fonction publique. Ainsi, l'existence d'un statut, seul cadre juridique destiné à régler la relation entre fonctionnaires et administration, est remise en cause par une imprégnation progressive du droit du travail au sein de cette relation, par le prisme notamment du juge administratif, qui consacre des principes généraux du droit (PGD) applicables à la fonction publique. Ainsi a-t-il estimé qu'il existait un PGD obligeant un employeur à reclasser ou à licencier un agent atteint d'une inaptitude physique définitive à occuper son emploi (CE, 2 octobre 2002, *CCI de Meurthe-et-Moselle*). Un autre exemple révélateur concerne l'obligation imposée à l'administration de publier, dans un délai raisonnable, les règlements qu'elle édicte (CE, 12 décembre 2002, *Syndicat national des commissaires et hauts fonctionnaires de la police nationale*, *AJDA* 2004, p. 442).

Une autre évolution notable de la fonction publique concerne le recours à des agents contractuels, par des contrats à durée déterminée (CDD) ou indéterminée (CDI), notamment sous l'influence du droit de l'Union européenne. Si cette évolution perturbe la relation traditionnelle entre l'administration et ses agents, fondée sur le fonctionnariat, elle peut néanmoins offrir des possibilités de stabilisation par le biais de CDI à des agents qui ont travaillé jusqu'alors pour l'administration par le biais de CDD reconductibles.

Cependant, progressivement, une autre logique se greffe à l'approche fondée sur la carrière, cherchant à définir au mieux les métiers de la fonction publique et les besoins de l'administration en termes d'emploi. Cette évolution s'explique par divers éléments tels que le progrès technique, les nouvelles technologies, l'ouverture à la concurrence entre secteur public et secteur privé mais également l'apparition d'exigences managériales au sein de la fonction publique. Comme les services font l'objet de réorganisations fréquentes, à la suite, par exemple, de la fusion de plusieurs départements ministériels ou d'un mouvement de décentralisation, cela implique aussi des évolutions du droit de la fonction publique, à savoir le développement de la mobilité en son sein et de la formation professionnelle. Actuellement sont recensés :

- 233 métiers dans le Répertoire des métiers territoriaux ;
- 201 métiers dans le Répertoire des métiers de la fonction publique hospitalière ;
- 261 métiers dans le Répertoire interminstériel des métiers de l'État (RIME).

Section I
Le statut du fonctionnaire

Chaque fonctionnaire appartient à un corps ou un cadre d'emplois relevant d'une catégorie hiérarchique. Au sein de ce corps ou cadre d'emplois, il est titulaire d'un grade et, dans celui-ci, d'un échelon.

Les corps ou cadres d'emplois regroupent des fonctionnaires soumis à un même ensemble de règles appelé « statut particulier », fixé par décret. Le fonctionnaire est donc titulaire de son grade, ce qui lui garantit la sécurité de l'emploi. Aux termes de l'article 12 de la loi du 13 juillet 1983, le grade se définit comme *« le titre qui confère à son titulaire vocation à occuper l'un des emplois qui lui correspondent »*. À l'inverse, l'emploi correspond au poste de travail, que l'administration peut modifier à sa guise. Mais, dans tous les cas, le fonctionnaire ne sera pas licencié, l'administration a l'obligation de le reclasser.

I. L'accès à la fonction publique

Les candidats à la fonction publique doivent être de nationalité française ou, pour certains corps ou cadres d'emplois seulement, être ressortissants de pays membres de l'Union européenne. Suivant le type de concours présenté par un candidat, le niveau d'études diffère (catégorie C : niveau CAP-BEP ; catégorie B : niveau bac à bac + 2 ; catégorie A : niveau bac + 3 minimum).

Organisé par l'autorité compétente, le concours est le mode de recrutement normal de la fonction publique. Il vise à attribuer un nombre limité et prédéterminé d'emplois publics au moyen d'épreuves permettant à une autorité indépendante, le jury, d'établir un classement par ordre de mérite (pour la fonction publique d'État uniquement) qui commande l'ordre de nomination des lauréats.

Ce principe a été fermement posé par l'**article 6 de la Déclaration des droits de l'homme et du citoyen de 1789**, selon lequel « *tous les citoyens, étant égaux [aux] yeux [de la loi], sont également admissibles à toutes dignités, places et emplois publics, selon leur capacité et sans autre distinction que celle de leurs vertus et de leurs talents* ». La décision n° 2010-94 QPC du Conseil constitutionnel du 28 janvier 2011 rappelle, à cet égard, que les nominations aux emplois à la décision du gouvernement doivent tenir compte « *des capacités requises pour l'exercice des attributions afférentes à l'emploi* ».

Il existe trois types de concours :
– le concours externe, qui s'adresse aux candidats extérieurs à l'administration possédant les titres requis ou aux candidats en poste au sein de celle-ci mais n'ayant pas l'ancienneté exigée ;
– le concours interne, réservé aux agents de l'État, des collectivités territoriales ou des organisations internationales ayant accompli une certaine durée de services publics ;
– un concours de troisième voie, qui peut être organisé le cas échéant pour des candidats pouvant témoigner soit de quatre années de travail sous statut privé dans des conditions proches de celles du corps ou du cadre d'emplois visé, soit d'un mandat d'élu, soit d'activités accomplies en tant que responsable d'association.

Quelques exceptions à la règle du concours peuvent se présenter : constitution initiale d'un corps, emplois réservés, nomination discrétionnaire aux emplois supérieurs, promotion interne (en proportion du nombre de postes proposés au concours correspondant).

2. Le déroulement de la carrière

Après sa réussite au concours, l'agent est nommé stagiaire et reçoit une formation initiale. Les agents publics stagiaires sont des fonctionnaires en devenir, c'est-à-dire des fonctionnaires débutants nommés dans un emploi après avoir satisfait à l'une des procédures de recrutement prévues par le statut général. Ils doivent effectuer un stage et sont en principe titularisés à l'issue de cette période probatoire. L'évolution de la carrière est régie par une grille indiciaire propre à chaque corps et fixant les salaires grade par grade et échelon par échelon.

Il existe des échelles types qui sont communes :
- aux corps et cadres d'emplois de catégorie C ;
- aux corps et cadres d'emplois de catégorie B ;
- à une partie des corps et cadres d'emplois de catégories A et A +.

3. La mobilité

Les positions possibles du fonctionnaire au cours de sa carrière sont :
1) l'activité à temps complet ou partiel : c'est l'exercice effectif des fonctions au sein de l'administration et du corps pour lequel l'agent a été recruté ;
2) la mise à disposition : elle permet au fonctionnaire de demeurer dans son corps d'origine, tout en effectuant son service dans une autre administration que la sienne (conservateurs d'État mis à disposition dans les bibliothèques municipales classées, par exemple) ;
3) le détachement : placé hors de son corps d'origine, l'agent continue à bénéficier dans ce corps de ses droits à l'avancement et à la retraite ;
4) la position hors cadres : elle correspond à une prolongation du détachement. Le fonctionnaire perd ses droits à l'avancement et à la retraite ;
5) la disponibilité : placé hors de son corps d'origine, l'agent public perd ses droits à l'avancement et à la retraite. Elle peut être d'office, sur demande ou de droit ;
6) le congé parental : il est accordé sur demande au père ou à la mère pour élever un enfant de moins de 3 ans. Dans cette position, le fonctionnaire

n'acquiert pas de droits à la retraite mais conserve ses droits à l'avancement d'échelon, réduits de moitié.

Différentes lois ont été adoptées, ces dernières années, afin d'améliorer la mobilité et la formation dans la fonction publique :
– la loi nº 2007-148 du 2 février 2007 de modernisation de la fonction publique;
– la loi nº 2009-972 du 3 août 2009 relative à la mobilité et aux parcours professionnels dans la fonction publique.

À cet égard, une nouvelle procédure de mobilité, dite « d'intégration directe », a été créée, permettant à un fonctionnaire d'intégrer un autre corps ou cadre d'emplois de même catégorie et de niveau comparable à celui d'origine, par une mobilité dans sa fonction publique d'appartenance ou une autre fonction publique.

Section 2
Les droits et obligations du fonctionnaire

1. Les droits

Pour l'accès aux emplois publics, l'égalité des sexes et la non-discrimination en raison de la race, des opinions politiques, syndicales, philosophiques et religieuses sont garanties.

Les fonctionnaires bénéficient en général de toutes les libertés publiques : liberté d'opinion, droit syndical, droit de grève. Ils bénéficient en outre du droit à la participation, qui leur permet de participer à l'organisation et au fonctionnement des services publics, à l'élaboration de règles statutaires et à l'examen des décisions individuelles relatives à leur carrière. Depuis quelque temps, les fonctionnaires disposent également d'un droit individuel à la formation et d'un droit à être représenté soit par des syndicats, soit par d'autres instances telles que les conseils supérieurs de la fonction publique et le Conseil commun de la fonction publique. Sur le plan local, la commission administrative paritaire intervient aussi dans certaines procédures.

2. Les obligations

On distingue : l'obligation de désintéressement (qui interdit en principe toute activité professionnelle lucrative autre que son service), l'obligation de service (responsabilité à l'égard des tâches confiées), d'obéissance hiérarchique (subordination des fonctionnaires à tous les échelons), de discrétion professionnelle, l'obligation de neutralité et d'impartialité, le devoir de réserve, l'obligation de résidence et celle d'informer (satisfaire aux demandes d'information du public).

Notons également que le 17 juillet 2013 a été déposé un projet de loi relatif à la déontologie et aux droits et obligations des fonctionnaires, qui vise notamment à améliorer la prévention des conflits d'intérêts et le cumul d'activités.

Retenir l'essentiel

La fonction publique définit les droits et les obligations des agents de l'administration. Elle organise leur recrutement et le déroulement de leur carrière. Le droit de la fonction publique subit de profondes évolutions sous l'influence des considérations managériales.

PARTIE 3

LES MOYENS D'ACTION DE L'ADMINISTRATION

Afin de mener à bien sa mission – la satisfaction de l'intérêt général –, l'administration a la faculté d'édicter deux types d'acte : des actes administratifs unilatéraux et des contrats. Les premiers sont considérés comme le procédé normal de l'action administrative, même si l'administration use de plus en plus souvent du procédé contractuel.

Chapitre 1
Les actes administratifs unilatéraux

À l'inverse des contrats, qui reposent, comme en droit commun, sur un accord de volonté, les actes administratifs unilatéraux sont pris par l'administration sans le consentement de la personne à laquelle ils s'appliquent. Ils traduisent donc la situation d'inégalité dans laquelle sont placés les administrés par rapport à l'administration. Si cette situation tend à s'atténuer (comme l'atteste la loi du 12 avril 2000 relative aux droits des citoyens dans leurs relations avec les administrations), la possibilité pour l'administration d'adopter de tels actes n'est pas remise en cause.

Avant d'examiner ce moyen d'action ainsi que les différentes variétés d'acte et leur régime juridique, il convient de définir la notion d'acte administratif unilatéral.

Section I
La notion d'acte administratif

La notion d'acte administratif est toujours appréhendée à travers le contentieux administratif, seuls les actes administratifs pouvant faire l'objet d'un recours en excès de pouvoir. C'est le juge administratif qui a dégagé les principales caractéristiques de l'acte administratif afin de juger de la recevabilité des recours.

Pour qu'un acte soit qualifié d'acte administratif unilatéral, il doit réunir trois caractères :

– être **juridique**, autrement dit conférer des droits et imposer des obligations aux administrés. En ce sens, on dit que l'acte est décisoire, c'est-à-dire qu'il a la qualité de décision affectant l'ordonnancement juridique. Le caractère de décision dite exécutoire donne à l'administration le privilège du préalable, qui implique que cette dernière n'a pas besoin de recourir à un juge pour que sa décision s'impose. Le caractère exécutoire des décisions administratives est une *« règle fondamentale du droit public »* (CE, 2 juillet 1982, *Huglo*, Rec. p. 257) ;

– être **unilatéral**, c'est-à-dire provenir d'une seule volonté. Ainsi, il produit des effets sans le consentement des destinataires. En ce sens, l'acte administratif unilatéral traduit l'inégalité dans les relations de l'administration avec les administrés ;

– enfin, se rattacher à une **activité (au sens de fonction) administrative**. En sont donc exclus les actes législatifs, les actes juridictionnels et les actes de gouvernement.

Lorsque ces trois conditions sont remplies, la jurisprudence parle de « décision faisant grief ».

Certains actes pris par les personnes publiques ne présentent pas de caractère administratif car ils ne réunissent pas ces différents critères. Mais un acte administratif n'est pas forcément une décision prise par une autorité administrative. Dans certains cas, des mesures prises par des personnes étrangères à l'administration peuvent être qualifiées d'actes administratifs.

I. Les actes de l'administration n'ayant pas le caractère d'acte administratif

1. Les actes dépourvus d'effet juridique

Certaines mesures prises par l'administration ne constituent pas des actes administratifs car elles ne sont pas normatives. Il s'agit des actes préparatoires, des documents internes de l'administration (circulaires et directives) et des mesures d'ordre intérieur, qui, bien que normatives, leur sont assimilées.

a) Les actes préparatoires et assimilés

Les actes préparatoires désignent l'ensemble des avis, consultations, propositions… émis lors de l'élaboration de l'acte administratif. Ils n'ont pas de portée décisoire, ils se bornent à annoncer un acte futur qui seul sera normatif. Ces actes sont donc insusceptibles de recours. Il en est de même des actes d'exécution postérieurs à la décision, telle la publication de l'acte, ou des actes seulement recognitifs, c'est-à-dire qui réitèrent une décision déjà prise, puisqu'ils n'ajoutent rien à l'ordonnancement juridique.

Par exception, certains d'entre eux peuvent être de véritables décisions en raison de leur contenu.

L'exemple topique est celui de la mise en demeure. C'est un acte par lequel l'administration enjoint à une personne d'agir de telle ou telle façon. En principe, la mise en demeure ne fait pas grief, sauf si elle comporte un élément nouveau (par exemple, lorsqu'elle impose une mesure qui ne figure dans aucun texte antérieur) ou si elle est contraignante (quand elle fixe un délai pour se conformer à un ordre d'exécuter la décision, par exemple).

b) Les documents internes de l'administration

Ce sont des documents dans lesquels l'administration exprime son avis ou donne des indications sur la conduite à tenir. Il s'agit bien souvent d'informations, de conseils ou encore d'interprétations qui n'ont pas de portée juridique puisqu'ils ne contiennent pas d'ordre ou n'ajoutent pas de condition nouvelle. On distingue deux types de document interne.

Les circulaires

Ce sont des notes de service dont le but est de faciliter le travail administratif en éclairant l'action des services. Elles sont adressées par les ministres ou les chefs de service aux agents de ce dernier soit pour faire passer l'information entre les différents services du ministère ou entre ceux-ci et les services déconcentrés, soit pour donner des instructions ou des explications sur la conduite à tenir. Elles permettent d'éviter les incohérences qui pourraient naître d'interprétations divergentes des lois ou des règlements. En principe, bien qu'elles soient soumises à publication, elles ne peuvent faire l'objet d'un recours en excès de pouvoir car, n'étant destinées qu'à interpréter un texte législatif ou réglementaire, elles ne sont pas normatives. Les administrés ne peuvent donc ni les attaquer, ni en demander l'application à leur profit. Il existe cependant des circulaires qui vont au-delà de la simple interprétation, ce qui a conduit le juge à établir une distinction, élaborée dans l'arrêt de principe du Conseil d'État du 29 janvier 1954, *Institution Notre-Dame du Kreisker* (Rec. p. 64). Il distingue les circulaires dites interprétatives et les circulaires dites réglementaires. Les premières, qui se bornent à interpréter les textes en vigueur, présentent un caractère purement interne; elles ne sont pas considérées comme des décisions puisqu'elles n'apportent aucune règle nouvelle. Elles ne s'adressent qu'aux agents et n'ont pas de portée à l'égard des administrés. Ce sont donc de véritables mesures d'ordre intérieur inopposables aux administrés. Quant aux circulaires réglementaires, sous couvert d'interprétation, elles ajoutent à la réglementation de nouvelles règles. Elles sont donc considérées comme de véritables actes administratifs réglementaires, que les administrés peuvent attaquer par le biais d'un recours en excès de pouvoir. Saisi d'un tel recours, le juge administratif doit en premier lieu se prononcer sur la compétence de l'autorité qui a pris la circulaire. S'il s'agit d'un ministre, il devra vérifier que celui-ci a reçu une attribution expresse de compétence, les ministres n'étant pas titulaires du pouvoir réglementaire général. Si tel est le cas, il devra en second lieu vérifier qu'elle est conforme aux règles de droit qui lui sont supérieures.

Cette distinction n'étant pas évidente à appliquer, elle a subi une évolution avec l'arrêt du Conseil d'État du 18 décembre 2002, *Mme Duvignères* (Rec. p. 563), qui établit une nouvelle distinction entre les circulaires impératives et les circulaires non impératives. Une circulaire est dite impérative lorsque, sous couvert d'interpréter une loi ou un règlement qu'elle est chargée de mettre en œuvre, elle dicte aux agents la conduite à tenir. Elle ne laisse pas de marge de manœuvre aux autorités compétentes. Dans ce cas, cette interprétation fait grief et la circulaire peut être déférée devant le juge administratif. En revanche, une circulaire est non impérative si elle propose une interprétation sans l'imposer : elle ne fait ainsi que conseiller une conduite à tenir. Dans ce cas, elle ne produit aucun effet de droit et ne peut être attaquée. Pour apprécier le caractère impératif d'une circulaire, il faut se poser la question de ses effets sur l'administration et non de son objet. Le juge peut prendre appui sur l'intention de l'auteur de la circulaire ou encore sur le contenu du texte et les compétences conférées aux destinataires.

Désormais, peuvent donc être déférées devant le juge administratif les circulaires qui modifient l'ordonnancement juridique (circulaires réglementaires) et celles qui, n'ajoutant rien, présentent un caractère impératif. Il n'y a donc pas abandon de la jurisprudence *Notre-Dame du Kreisker*.

S'agissant de la légalité desdites circulaires, il faut distinguer deux situations :
– si la circulaire est réglementaire (et, donc, nécessairement impérative), elle peut être illégale pour incompétence de l'auteur ou, si ce dernier est compétent, pour tout autre motif d'illégalité tel que la violation de la règle de droit ;
– si la circulaire impérative ne fait qu'interpréter la loi ou le règlement, elle peut être illégale si elle méconnaît le sens et la portée du texte qu'elle entend expliciter ou si elle réitère une règle qui méconnaît une norme supérieure.

Les directives

Ce sont des instruments d'orientation pris généralement par les ministres et adressés à leurs agents. Elles touchent au contenu même des décisions à prendre, lorsque ce contenu est libre, c'est-à-dire lorsque la loi ne fixe que des objectifs à atteindre et laisse à l'administration un pouvoir discrétionnaire pour régir les situations individuelles. Les décisions seront prises en suivant le mode d'emploi fourni par la directive, dans le but d'éviter les incohérences.

Le régime juridique des directives a été fixé par deux arrêts : CE, 11 décembre 1970, *Crédit foncier de France*, Rec. p. 750, et CE, 29 juin 1973, *Société Géa*, Rec. p. 453. Les directives sont des actes qui ont pour objet d'apporter aux différents services de l'administration des explications sur la façon d'appliquer un texte. Elles se contentent de fournir des orientations, des *« lignes directrices »*, pour reprendre le nouveau vocable employé par le Conseil d'État (CE, 19 septembre 2014, *M. A.*, *AJDA* 2014.1798). En ce sens, elles ne sont pas des actes administratifs unilatéraux puisqu'elles ne créent pas de norme juridique nouvelle. Elles ne peuvent donc pas faire l'objet d'un recours pour excès de pouvoir (REP).

Du reste, afin de maintenir la règle de l'examen de chaque situation au cas par cas, l'administration doit s'interroger, pour tout dossier, sur l'éventuelle nécessité de déroger aux objectifs fixés par la directive, soit pour des raisons liées à la situation particulière de la personne, soit pour des motifs d'intérêt général.

c) Les mesures d'ordre intérieur

Ces mesures ont pour finalité d'assurer une certaine cohérence dans l'organisation et le fonctionnement interne des services de l'administration. Elles concernent notamment, voire principalement, la discipline au sein des établissements scolaires, pénitentiaires et militaires. Elles ont des conséquences réelles puisqu'elles s'imposent aux agents du service et ont souvent des effets sur certains de ses usagers. À la différence des actes préparatoires, leur caractère normatif ne fait aucun doute. Pourtant, le juge refuse de leur reconnaître le caractère d'acte administratif susceptible de faire l'objet d'un recours pour excès de pouvoir car, d'une part, elles ne concernent que l'ordre interne du service, et, d'autre part, elles ne portent pas gravement atteinte aux droits et libertés et n'ont donc qu'une portée limitée. Ainsi, le contrôle du juge ne paraît pas nécessaire.

L'absence de contrôle sur ces mesures a fait l'objet de nombreuses critiques, ce qui explique que la jurisprudence ait progressivement réduit cette catégorie, limitant de fait le nombre de décisions échappant au contrôle du juge administratif.

La principale évolution touchant l'armée et le service public pénitentiaire résulte de deux arrêts rendus le 17 février 1995 : CE, *Hardouin*, Rec. p. 82 et CE, *Marie*, Rec. p. 85. Le Conseil d'État considère désormais que certaines sanctions infligées à des usagers du service – dans la première espèce, une punition prévue par le règlement de discipline générale prononcée à l'encontre d'un militaire, et, dans la seconde, la mise d'un détenu en cellule disciplinaire entraînant une privation de visites et l'isolement – sont exclues de la catégorie des mesures d'ordre intérieur. Elles peuvent donc faire l'objet d'un REP devant le juge administratif.

L'évolution engagée dans l'arrêt *Marie* s'est poursuivie avec l'arrêt du Conseil d'État du 30 juillet 2003, *Ministre de la Justice c/ Remli* (Rec. p. 366), dans lequel il a jugé que la décision de placer un détenu à l'isolement contre son gré n'est pas, eu égard à l'importance de ses conséquences sur les conditions de détention, une simple mesure d'ordre intérieur. La France a d'ailleurs été condamnée par la Cour européenne des droits de l'homme (CEDH) pour avoir qualifié de mesure d'ordre intérieur une décision de mise à l'isolement, privant ainsi de tout recours effectif le détenu concerné (CEDH, 27 janvier 2005, *Ramirez Sanchez c/ France*).

Cette évolution a trouvé son achèvement dans trois arrêts d'assemblée du 14 décembre 2007 : *Boussouar, Planchenault* et *Payet* (Rec. p. 495, 474 et 498). Par ces trois arrêts, le Conseil d'État a renforcé le contrôle exercé par le juge administratif sur la situation des détenus. Pour déterminer si une mesure prise par l'administration pénitentiaire est une mesure d'ordre intérieur ou une décision susceptible de recours pour excès de pouvoir, il se fonde sur la nature de l'acte et sur l'importance de ses effets sur la situation des détenus, tant juridique que matérielle, c'est-à-dire sur leurs droits et libertés. Ainsi, dans l'affaire *Boussouar*, la haute juridiction a jugé qu'une décision de changement d'affectation d'un détenu d'un établissement pour peines à une maison d'arrêt est bien susceptible d'un recours, le changement d'affectation entraînant un durcissement dans les conditions de détention (l'inverse n'est pas vrai : CE, 9 avril 2008, *M. Rogier*, *AJDA* 2008.1827). Dans l'affaire *Planchenault*, le Conseil d'État a estimé que la décision de déclassement d'emploi est susceptible de recours, car le travail constitue pour les détenus une source de revenu mais aussi un moyen de s'insérer dans la vie collective de l'établissement et de démontrer leur capacité de réinsertion. Enfin, dans l'affaire *Payet*, le Conseil a jugé que la décision de soumettre un détenu à des *« rotations de sécurité »*, c'est-à-dire à des changements d'affectation fréquents d'un établissement à un autre afin de prévenir toute tentative d'évasion, est une mesure susceptible de recours pour excès de pouvoir.

Ces divers exemples démontrent que les deux critères de détermination sont parfois délicats à manier et ne résolvent pas toutes les difficultés. Il reste qu'en statuant ainsi, le Conseil d'État manifeste sa volonté d'atteindre un juste équilibre entre les droits des détenus et les contraintes de l'administration pénitentiaire, et d'ouvrir l'accès au juge afin de mieux contrôler l'univers carcéral. À titre d'exemple, il a jugé plus récemment que le changement d'affectation d'un détenu est susceptible de REP s'il bouleverse son droit à conserver des liens familiaux : CE, 27 mai 2009, *Miloudi*, Rec. p. 209.

Désormais, la catégorie des mesures d'ordre intérieur est de plus en plus réduite : elle rassemble des mesures dénuées de toute véritable portée.

2. Les actes ne manifestant pas de pouvoir unilatéral

Les contrats conclus par l'administration ne sont pas des actes manifestant son pouvoir unilatéral. Au contraire, il s'agit d'accords de volonté des parties, qui n'engagent celles-ci qu'en raison de leur acceptation. Les contrats ne peuvent donc pas faire l'objet d'un REP.

Certaines conventions apparaissent comme des contrats mais sont en réalité des actes unilatéraux susceptibles de recours pour excès de pouvoir : c'est notamment le cas des conventions de Sécurité sociale.

Du reste, certaines clauses de contrats sont susceptibles de REP : c'est le cas des actes détachables du contrat et des clauses réglementaires.

2. Les actes administratifs des personnes étrangères à l'administration

En principe, les actes administratifs sont des actes accomplis par une autorité publique administrative. Cependant, en raison de l'évolution du fonctionnement de l'administration, qui a abouti à confier l'exercice de fonctions administratives à des personnes privées, le juge a été confronté à la question de savoir si les actes pris par ces dernières ne pouvaient pas être qualifiés d'actes administratifs.

1. Les actes accomplis par les personnes privées

Tenant compte des évolutions de la vie administrative, le Conseil d'État a progressivement reconnu le caractère d'acte administratif à certains actes de personnes privées. Ainsi, dans l'arrêt *Monpeurt* du 31 juillet 1942 (Rec. p. 239), il a accepté d'exercer un contrôle sur des décisions prises par un comité d'organisation professionnel sans véritablement rechercher si l'organisme constituait ou non un établissement public. Il ne s'intéresse qu'à la mission du comité, qui est une mission de service public, et en conclut que les actes pris par cette personne étrangère à l'administration, et en l'espèce innommée, sont des actes administratifs soumis à sa compétence. Il adopte la même solution dans l'arrêt du 2 avril 1943, *Bouguen* (Rec. p. 86), dans lequel il accepte le recours exercé devant lui contre des actes d'un ordre professionnel, considérant qu'il s'agit d'actes administratifs, l'ordre professionnel étant assimilé à un service public.

Il faut néanmoins attendre l'arrêt *Magnier* du 13 janvier 1961 (Rec. p. 33) pour que le Conseil d'État admette clairement qu'un acte pris par une personne privée puisse relever de la compétence du juge administratif. Afin qu'un tel acte soit considéré comme un acte administratif, il faut que deux conditions soient remplies : tout d'abord, il doit se rattacher à la fonction administrative, à l'accomplissement du service public, autrement dit être pris dans le cadre d'une mission de service public ; ensuite, il doit traduire l'exercice de la puissance publique, c'est-à-dire manifester la mise en œuvre de prérogatives de puissance publique. Ces deux conditions sont cumulatives.

Dans le cadre des services publics industriels et commerciaux (SPIC), le Tribunal des conflits a apporté quelques précisions pour qu'un acte d'une personne privée soit considéré comme administratif, et ce, en raison du caractère particulier de ces services. Ainsi, dans la décision *Compagnie Air France c/ Époux Barbier* du 15 janvier 1968 (Rec. p. 789), il a indiqué que les actes des personnes privées gestionnaires d'un SPIC sont des actes administratifs s'il s'agit d'actes réglementaires – traduisant la prérogative de puissance publique –, portant sur l'organisation même du service et si les personnes privées ont été habilitées par un texte législatif ou réglementaire pour le faire.

2. Les actes accomplis par une autorité publique non administrative

En principe, les actes accomplis par une autorité publique non administrative ne sont pas des actes administratifs. Toutefois, il peut arriver que des actes adoptés par les organes parlementaires ou juridictionnels soient matériellement administratifs.

S'agissant des actes pris par les organes parlementaires, aucun d'entre eux ne détenait à l'origine le caractère administratif. Cette solution résultait d'une conception stricte de la séparation des pouvoirs et de la prise en compte du seul critère organique. L'ordonnance du 17 novembre 1958 a introduit trois exceptions, relatives :
- aux « *litiges d'ordre individuel concernant [les] agents [titulaires des services des assemblées parlementaires]* » ;
- à la réparation « *des dommages de toute nature causés par les services des assemblées parlementaires* » ;
- aux « *litiges individuels en matière de marchés publics* ».

Aujourd'hui, le critère matériel semble avoir pris le dessus sur le critère organique. Il est à l'origine d'une distinction entre les actes relevant de la fonction législative et ceux qui relèvent des activités administratives du Parlement. Seuls les seconds sont dits administratifs.

En ce qui concerne les organes juridictionnels, la jurisprudence s'appuie désormais sur ce critère matériel, qui permet d'établir une distinction entre les décisions de nature juridictionnelle, qui échappent à la compétence du juge administratif, et les mesures matériellement administratives, qui relèvent de sa compétence. À titre d'exemple, s'agissant des autorités judiciaires, il est établi que la chambre d'accusation (de l'instruction) exerce des « *attributions administratives* » lorsqu'elle émet un avis à l'occasion de la procédure d'extradition. Cet avis est considéré comme faisant partie de la procédure administrative d'extradition. Dès lors, il est susceptible d'être contrôlé par le Conseil d'État lorsqu'il est saisi d'un recours contre le décret d'extradition (CE, 7 juillet 1978, *Croissant*, Rec. p. 292). Cette même solution est retenue à l'égard de certains actes de magistrats uniques. Ainsi, quand le juge d'application des peines statue sur les modalités d'exécution d'une peine, il est considéré comme auteur de décisions administratives car cette mesure se rattache au fonctionnement administratif du service pénitentiaire (TC, 22 février 1960, *Dame Fargeaud d'Épied*, Rec. p. 855). En revanche, les décisions relatives à la nature et aux limites de la peine, comme la réduction de peine, relèvent de l'exercice de la fonction juridictionnelle, donc ne sont pas des actes administratifs (CE, 9 novembre 1990, *Théron*, Rec. p. 313).

En outre, il a été jugé que les décisions prises par le président de juridiction ou le procureur de la République à l'égard des autres magistrats dans le cadre de leur pouvoir hiérarchique sont des actes administratifs, dans la mesure où elles se rattachent à l'organisation du service de la justice (CE, Ass., 31 janvier 1975, *Volff et Exertier*, Rec. p. 70 et 75).

Section 2
Les différentes catégories d'acte administratif unilatéral

Il convient d'abord d'envisager les deux grandes catégories d'acte administratif que sont les actes individuels et réglementaires, avant d'examiner plus précisément l'exercice de ce pouvoir réglementaire.

I. La distinction entre les actes administratifs réglementaires et les actes administratifs individuels

L'**acte administratif réglementaire** vise une situation générale, impersonnelle et objective, c'est-à-dire identique pour tous ceux qui s'y trouvent. Il énonce donc des règles destinées à une catégorie indéterminée de personnes, soit parce qu'il ne contient aucune indication sur ses destinataires, soit parce qu'il s'adresse à un groupe ou à une personne à raison de sa fonction (exemple : décret fixant le statut du préfet de police). Du point de vue de son objet, il ne se différencie pas d'une loi ; la seule différence est son auteur.

L'**acte administratif individuel**, quant à lui, est un acte dont le ou les destinataires sont nominativement désignés. Il crée une situation juridique nouvelle qui est, en ce sens, individuelle, personnelle et subjective. Il peut s'adresser à une personne (délivrance du permis de conduire) comme à plusieurs personnes (liste des candidats reçus à un concours, par exemple).

Le plus souvent, ces actes sont des décisions d'application d'un règlement, ce qui explique que, dans la hiérarchie des normes, ils soient soumis aux actes administratifs réglementaires.

L'acte administratif individuel peut être explicite (ou exprès), qu'il soit écrit ou oral, ou implicite (non formulé). Dans ce dernier cas, il résulte du silence gardé par l'administration. L'article 21 de loi du 12 avril 2000 prévoyait que le silence gardé par l'administration pendant deux mois à la suite d'une demande d'un administré valait décision de rejet. Cette règle a été modifiée par la loi du 12 novembre 2013, qui a inversé le principe : désormais, le silence gardé pendant deux mois vaut acceptation si la demande tend à l'obtention d'une décision individuelle, à moins qu'elle ait pour objet une réclamation ou un recours administratif (gracieux ou hiérarchique) ou qu'elle présente un caractère financier. Dans ces dernières hypothèses, le silence conservé durant deux mois vaut toujours rejet. La nouvelle règle, qui ne vaut que pour les relations entre l'administration et ses administrés, et non entre celle-ci et ses agents, connaît un nombre non négligeable d'exceptions et d'aménagements, fixés par 42 décrets en date du 1er novembre 2014, ce qui tend à amoindrir sa portée. C'est ainsi que l'article 21-II de la loi du 12 avril 2000, dans sa nouvelle rédaction, énumère de nombreux cas dans lesquels le délai de naissance de la décision implicite d'acceptation est inférieur ou supérieur à deux mois en raison, respectivement, de l'urgence ou de la complexité de la procédure. L'article 21-I-4 prévoit également des cas dans lesquels l'application du principe est écartée pour des motifs liés au « *respect des engagements internationaux et européens* », à « *la protection de la sécurité nationale* », à « *la protection des libertés et des principes à valeur constitutionnelle* » ou à « *la sauvegarde de l'ordre public* » (par exemple, les demandes d'octroi du statut de réfugié). Enfin, l'article 21-II recense une série d'exceptions au nouveau principe qui sont justifiées « *eu égard à l'objet de la décision ou pour des motifs de bonne administration* » (lorsque la demande s'inscrit dans la procédure d'accès à un emploi relevant de l'État, par exemple). Cette nouvelle règle ne s'applique pour l'instant qu'aux actes de la fonction publique d'État, et ce, depuis le 12 novembre 2014. Pour ceux des collectivités et des établissements publics, elle sera applicable le 12 novembre 2015.

Il convient d'apporter quelques précisions sur la distinction entre ces deux grandes catégories d'acte que sont les actes réglementaires et les actes individuels.

D'une part, elle ne doit pas être opérée au regard de la dénomination de l'acte. En effet, un même type d'acte peut avoir un caractère réglementaire ou, au contraire, individuel. Tel est le cas, par exemple, d'un décret : bien souvent, c'est un acte administratif réglementaire lorsqu'il a une portée générale, mais il peut être aussi un acte administratif individuel (exemple : hypothèse des décrets de nomination des fonctionnaires).

D'autre part, cette distinction, ou plutôt cette classification, n'est pas absolue. Il existe en effet des actes qui ne sont ni individuels ni réglementaires, par exemple la décision de classement d'un site. Il ne s'agit ni d'un acte réglementaire, car elle n'a pas de portée générale, ni d'un acte individuel car elle ne concerne pas des personnes nommément désignées. En raison de leur caractère mixte, ces actes ont été dénommés « décisions d'espèce » par le Pr René Chapus.

2. Les titulaires du pouvoir réglementaire

Le pouvoir réglementaire peut être défini comme la capacité pour une autorité exécutive d'édicter des actes de portée générale : des actes administratifs réglementaires, autrement désignés par le terme « règlements ». En droit constitutionnel, le règlement se différencie de la loi par l'autorité qui l'édicte. Ainsi, la loi est l'œuvre du législateur alors que le règlement est celle de l'exécutif. D'après la Constitution, deux autorités disposent du pouvoir réglementaire général qui peut intervenir dans tous les domaines pour fixer des règles générales, c'est-à-dire des règles qui s'appliquent sur tout le territoire et à tous les administrés. À côté de ce pouvoir réglementaire général, on distingue deux autres types de pouvoir réglementaire : le pouvoir réglementaire spécialisé, qui est propre à certains secteurs d'activité ou territoires, et le pouvoir réglementaire interne, qui a été reconnu par le juge.

1. Le pouvoir réglementaire général

Le pouvoir réglementaire général est celui que la Constitution du 4 octobre 1958 confère au Premier ministre. En vertu de l'article 21, ce dernier est chargé d'assurer l'exécution des lois par le biais de règlements d'application. Du reste, en vertu de l'article 37, il peut prendre des règlements autonomes. Cet article dispose en effet que *« les matières autres que celles qui sont du domaine de la loi ont un caractère réglementaire »*. Ce faisant, il attribue au titulaire du pouvoir réglementaire une compétence normative de droit commun. Ainsi, le Premier ministre est compétent pour prendre des règlements en toutes matières sauf celles réservées à la loi par l'article 34. Classiquement, on distingue donc deux types de décret : les décrets d'application des lois et les décrets dits « autonomes ». Dans ce dernier cas, le principe est qu'il ne doit pas exister de loi. Les décrets ne sont alors pris ni en vertu d'une loi, ni pour assurer l'application d'une loi. Dans la pratique, l'intervention des règlements autonomes est faible car aucun domaine n'est *a priori* interdit au législateur (Cons. const., nº 82-143 DC, 30 juillet 1982, *Blocage des prix*, Rec. p. 57).

Aux termes de l'article 21, le Premier ministre partage ce pouvoir avec le président de la République. L'article indique en effet que le Premier ministre exerce ce pouvoir *« sous réserve »* des dispositions de l'article 13, qui vise les décrets délibérés en conseil des ministres.

Ce pouvoir réglementaire général s'exerce le plus souvent par le biais des décrets mais, en vertu d'une habilitation, il peut aussi s'exercer par la voie d'ordonnances.

a) L'exercice par décret du pouvoir réglementaire général

Le partage du pouvoir réglementaire entre le président de la République et le Premier ministre semble se réaliser au profit du second : l'article 21 de la Constitution lui confère la compétence de principe, qu'il exerce par décrets après avoir éventuellement consulté le Conseil d'État (on parle alors de décret pris en Conseil d'État) ; le président de la République n'est compétent que si le projet a été soumis au conseil des ministres, qu'il préside. Les décrets qu'il prend sont donc délibérés en conseil des ministres après éventuellement, là aussi, un avis du Conseil d'État. Ils doivent être contresignés par le Premier ministre et, le cas échéant, par les ministres responsables. Dans la pratique, le chef de l'État peut signer des décrets réglementaires non délibérés en conseil des ministres (mais nécessairement contresignés par le Premier ministre) ; cela ne les entache pas d'illégalité, mais ces décrets restent des actes de la compétence du Premier ministre, que lui seul peut modifier (CE, 27 avril 1962, *Sicard*, Rec. p. 279).

Du reste, dans l'arrêt *Meyet* du 10 septembre 1992 (Rec. p. 327), le Conseil d'État a permis d'accroître la compétence réglementaire du président : il a jugé que tout décret délibéré en conseil des ministres devait être signé par le président de la République, même si aucun texte n'imposait une telle délibération. Dès lors, il conserve sa compétence pour le modifier. En statuant ainsi, le Conseil d'État a donc permis au président de la République d'étendre sa compétence réglementaire au détriment de celle du Premier ministre.

b) L'exercice par ordonnances du pouvoir réglementaire général

L'article 38 de la Constitution permet au gouvernement de prendre, par voie d'ordonnances, des mesures normalement réservées au législateur.

Il résulte de ce texte que l'habilitation doit être demandée par le gouvernement au Parlement. La loi d'habilitation doit obligatoirement fixer deux délais successifs : le délai pendant lequel le gouvernement est autorisé à prendre des ordonnances, et celui – nécessairement plus long – qui lui est imparti pour déposer devant les assemblées le projet de loi de ratification. L'habilitation a pour effet, pendant toute sa durée, de priver le Parlement de la possibilité d'intervenir dans les matières qui ont fait l'objet de l'habilitation. Elles sont assimilées à des matières réglementaires. La valeur des ordonnances dépend ensuite du moment de la procédure :
– **depuis la publication des ordonnances jusqu'à l'expiration du premier délai :** elles ont la valeur d'actes réglementaires, bien qu'à finalité législative; elles sont publiées mais pas encore promulguées. Entrant en vigueur dès leur publication, elles sont susceptibles de recours en excès de pouvoir devant le juge administratif;
– **de l'expiration du premier délai à l'expiration du second :** les ordonnances publiées conservent leur caractère réglementaire. Toutefois, le gouvernement ne peut plus prendre d'ordonnance. On est donc en présence d'une catégorie d'acte à valeur réglementaire, susceptible d'annulation devant le juge administratif mais dont les dispositions matériellement législatives ne peuvent être modifiées que par une loi;
– **après l'expiration du second délai.** Soit le gouvernement a omis de déposer à temps le projet de loi de ratification : dans cette hypothèse, les ordonnances prises deviennent caduques. Soit il l'a bien déposé et, dans ce cas, trois situations sont possibles : 1) si le projet de loi de ratification n'est jamais inscrit à l'ordre du jour, les ordonnances conservent leur valeur réglementaire; 2) si le texte est inscrit à l'ordre du jour mais rejeté par le Parlement, les ordonnances deviennent caduques; 3) si le texte est ratifié par le Parlement, en revanche, les ordonnances ont alors pleine valeur législative, ce qui les soustrait à tout contrôle juridictionnel.

Le partage du pouvoir réglementaire général entre le Premier ministre et le président de la République se fait donc en réalité plutôt en faveur du second parce que, d'une part, en période de fait majoritaire le Premier ministre se référera au chef de l'État pour toutes les questions importantes, et que, d'autre part, en période de cohabitation celui-ci a la possibilité, si ce n'est d'adopter, au moins de discuter des projets de décret qu'il souhaite signer puisqu'il fixe librement l'ordre du jour du conseil des ministres. En outre, il peut refuser de signer les ordonnances de l'article 38 en cas de désaccord, ce qui empêche leur édiction.

Relève également du pouvoir réglementaire général dont dispose le Premier ministre le pouvoir de prendre des mesures de police à l'échelon national (CE, 8 aout 1919, *Labonne*, Rec. p. 737). En 1919, ce pouvoir avait été confié au président de la République *« en dehors de toute délégation législative et en vertu de ses pouvoirs propres »*. Depuis 1958, il est reconnu au Premier ministre puisque celui-ci est, selon les termes de la Constitution, investi du pouvoir réglementaire (CE, 13 mai 1960, *SARL Restaurant Nicolas*, Rec. p. 324). L'article 34 de la Constitution, qui réserve au législateur la fixation des règles concernant les garanties fondamentales des libertés publiques, n'a nullement ôté au Premier ministre ses attributions de police générale (Cons. const., n° 87-149 L, 20 février 1987, Rec. p. 22).

2. Le pouvoir réglementaire spécialisé

Les ministres n'ont en principe pas de pouvoir réglementaire, même pour les affaires entrant dans leurs attributions. Cependant, la Constitution permet au Premier ministre de déléguer certains de ses pouvoirs à ses ministres (article 21). En outre, un ministre peut se voir attribuer la possibilité d'édicter certains actes administratifs réglementaires spécialisés, afin de mettre en application une loi intervenue dans le champ de ses compétences par un texte législatif ou réglementaire.

De même, la loi donne compétence réglementaire dans certaines matières spécialisées à des établissements publics ou à des autorités administratives indépendantes. Ainsi, le Conseil supérieur de l'audiovisuel, l'Autorité des marchés financiers et la Commission nationale de l'informatique et des libertés sont dotés d'un pouvoir réglementaire propre. Il est néanmoins limité : il ne doit pas empêcher le gouvernement de définir la politique nationale dans les domaines concernés (Cons. const., n° 93-324 DC, 3 août 1993, *Loi relative au statut de la Banque de France et à l'activité et au contrôle des établissements de crédit*, Rec. p. 208).

En outre, en tant que représentant de l'État dans le département et la région, le préfet (autorité déconcentrée) dispose d'un pouvoir réglementaire de police. À ce titre, il peut prendre les mesures réglementaires nécessaires au maintien ou au rétablissement de l'ordre public. Le maire, en tant qu'autorité déconcentrée, détient également ce pouvoir au sein de la commune.

Enfin, l'article 72 de la Constitution, dans sa rédaction issue de la loi constitutionnelle du 17 mars 2003, précise que les collectivités territoriales (autorités décentralisées) disposent *«d'un pouvoir réglementaire pour l'exercice de leurs compétences»*, dans les conditions prévues par la loi. Ce pouvoir est exercé par les autorités territoriales ou les assemblées délibérantes. Elles *«peuvent, lorsque, selon le cas la loi ou le règlement l'a prévu, déroger, à titre expérimental et pour un objet et une durée limités, aux dispositions législatives ou réglementaires qui régissent l'exercice de leurs compétences»*. Leur pouvoir reste donc un pouvoir subordonné.

3. Le pouvoir réglementaire interne

Il est le fait de l'arrêt *Jamart*, qui précise que *«même dans le cas où les ministres ne tiennent d'aucune disposition législative un pouvoir réglementaire, il leur appartient, comme à tout chef de service, de prendre les mesures nécessaires au bon fonctionnement de l'administration placée sous leur autorité»* (CE, Sect., 7 février 1936, *Jamart*, Rec. p. 172). Ainsi, les ministres et les chefs de service disposent d'un pouvoir réglementaire interne d'organisation du service, qu'ils exercent par voie d'arrêtés, de directives ou de circulaires à caractère réglementaire. En principe, les mesures prises au titre de ce pouvoir ne s'adressent qu'aux agents de l'État et pas aux administrés, même si elles peuvent produire des effets à l'égard de certains usagers du service.

Ce pouvoir réglementaire comporte des limites : il n'est reconnu que lorsqu'il existe un vide dans l'ordonnancement juridique et ne vise qu'à assurer le bon fonctionnement du service.

Section 3
La procédure administrative non contentieuse

L'élaboration de la décision obéit à certaines règles de compétence mais aussi à d'autres règles qui déterminent la procédure à suivre et les formes qu'il convient de donner à l'acte.

Ces deux catégories de règle (règles de procédure et de forme) sont souvent confondues, alors qu'elles ne visent pas exactement la même chose. Les règles de procédure concernent d'une certaine manière le contenu de la décision, l'affaire proprement dite, tandis que les règles de forme visent l'écrit, c'est-à-dire le contenant, la présentation de l'acte.

Les premières se situent au centre du processus d'élaboration de l'acte administratif (question du délai, procédure consultative...), les secondes ne concernent que l'aspect extérieur de la décision (son caractère écrit ou non, explicite ou implicite, sa signature et sa motivation).

L'ensemble de ces règles constituent ce que l'on appelle la procédure administrative non contentieuse. Elle constitue une garantie pour l'administré et une contrainte pour l'administration. Elle permet néanmoins à celle-ci de renforcer son information et son esprit de concertation.

I. Les règles générales applicables à la procédure administrative non contentieuse

1. Les règles de forme

Le droit administratif est un droit peu formaliste. Il existe, pour la présentation de l'acte administratif, de nombreuses règles de forme qui ne sont pas considérées comme des formalités substantielles entraînant, en cas de non-respect, l'annulation de l'acte. C'est le cas de la date de l'acte, du lieu de sa signature et des visas, qui sont dits facultatifs.

En revanche, certaines règles de forme sont obligatoires, comme la signature et, le cas échéant, le caractère écrit de l'acte ou encore le contreseing ministériel, lorsqu'ils sont exigés par un texte. L'absence de signature induit paradoxalement l'irrégularité de l'acte pour incompétence et non pour violation d'une règle de forme. En revanche, l'absence de contreseing quand il est obligatoire provoque l'irrégularité de la décision pour vice de forme.

2. Les règles de procédure

Elles sont relatives aux délais et à la consultation d'organismes pour avis.

a) Les délais

Les délais prévus par les textes sont généralement considérés comme indicatifs. Ils ont pour seul but d'encourager l'administration à agir rapidement mais ils n'induisent pas l'annulation de l'acte une fois le délai expiré, sauf si le temps d'élaboration de l'acte contrevient au principe du délai raisonnable (CE, 28 juillet 2000, *Association France nature environnement*, Rec. p. 322). Dans de rares hypothèses, le délai est impératif. Dans ce cas, il doit être respecté, et si l'administration ne le respecte pas, alors sa décision comporte un vice de forme.

Deux types de délai peuvent être prévus : un délai minimal, visant à ce que l'administration ne rende pas sa décision trop vite, sans avoir eu le temps de prendre connaissance des informations et observations utiles à la prise de décision, et, le plus souvent, un délai maximal, qu'il convient de ne pas dépasser.

b) Les procédures consultatives

La procédure consultative permet d'associer différents organismes publics, voire des administrés (par le biais de syndicats, d'associations de consommateurs, de parents d'élèves...), à l'élaboration de l'acte administratif unilatéral. Elle a pour objectif de mieux faire accepter les décisions prises par l'administration et revêt la forme d'un avis rendu. Celui-ci peut être :

- **spontané :** il est demandé alors qu'aucun texte ne le prévoit, selon une procédure qui doit être régulière. La jurisprudence admet que l'autorité compétente puisse elle-même créer, à cet effet, un organisme consultatif : CE, 31 mars 1950, *Grunbaum*, Rec. p. 207;

• **facultatif** quand le texte qui institue le recours à un avis indique qu'il s'agit pour l'administration d'une faculté et non d'une obligation ; dans ce cas, on parle de consultation facultative.

Dans ces deux premières hypothèses, l'administration est libre de solliciter ou non, puis de suivre ou non, cet avis. Elle conserve son entière liberté de décision et peut prendre une décision autre que celle qui avait été soumise à consultation (CE, 15 mars 1974, *Syndicat national CGT-FO des fonctionnaires et agents du commerce intérieur et des prix*, Rec. p. 188) ;

• **obligatoire** lorsque le texte instituant la procédure de consultation oblige l'administration à le solliciter. Quand la consultation est obligatoire, il faut distinguer selon que l'avis est simple ou conforme :
– **les avis simples** : ces avis, les plus courants, sont obligatoirement demandés mais l'administration n'est pas tenue de les suivre. Elle peut alors retenir soit la décision (solution) qu'elle a soumise à avis, soit la décision (solution) proposée par celui-ci ; mais elle ne peut pas prendre une décision (solution) autre que celle qu'elle a soumise à avis. Si elle souhaite le faire, elle doit à nouveau la soumettre à consultation,
– **les avis conformes**, plus rares. Dans cette hypothèse, l'administration est obligée de recueillir un avis et de le suivre, sauf s'il est illégal (CE, 26 octobre 2001, *M. et Mme Eisenchteter*, Rec. p. 495). Elle n'a qu'une alternative : soit elle retient la solution proposée par l'avis rendu, soit elle ne prend pas de décision (CE, 22 février 1957, *Société coopérative de reconstruction de Rouen et de sa région*, Rec. p. 126). Si la décision appartient toujours à l'autorité qui a recueilli l'avis, force est de constater que l'avis conforme associe directement l'autorité consultative à la prise de décision. Cela explique qu'en cas de défaut d'avis conforme, le juge considère qu'il n'y a pas vice de procédure mais vice de compétence.

2. Les règles de forme et de procédure propres à certaines décisions individuelles

1. L'obligation de motiver

Une décision administrative individuelle repose toujours sur des motifs. Les motifs d'un acte administratif individuel désignent les raisons de fait et de droit qui fondent une décision. Ils peuvent être explicites ou implicites.

Avant 1979, l'administration n'était absolument pas obligée de motiver ses décisions, c'est-à-dire de communiquer les motifs aux intéressés. Le principe était donc celui de la non-motivation des actes administratifs. La loi du 11 juillet 1979 a apporté une importante dérogation à ce principe en contraignant l'administration à motiver certains actes, ce qui tend à un meilleur contrôle de celle-ci par le juge, évite les décisions arbitraires de l'administration et améliore la transparence en la matière. Si le principe est toujours celui de la non-motivation, il existe désormais des exceptions, prévues par les articles 1er et 2 de ladite loi. Deux grandes catégories d'acte sont visées : les décisions administratives individuelles dérogatoires, qui dérogent aux règles générales fixées par la loi ou le règlement (article 2), et les décisions administratives individuelles défavorables. Ces dernières :

1) restreignent les libertés publiques ou constituent une mesure de police ;
2) infligent une sanction ;
3) subordonnent l'octroi d'une autorisation à des conditions restrictives ou imposent des sujétions ;
4) retirent ou abrogent une décision créatrice de droit ;
5) opposent une prescription, une forclusion, une déchéance ;
6) refusent un avantage dont l'attribution constitue un droit pour les personnes qui remplissent les conditions légales pour l'obtenir ;
7) refusent une autorisation.

La communication des motifs n'est toutefois pas obligatoire si elle est de nature à porter atteinte à l'un des secrets (secret médical ou secret-défense) ou aux intérêts protégés (atteinte à l'ordre public).

Dans le cas de décisions individuelles défavorables, seul le destinataire de l'acte peut demander la motivation, mais dans celui de décisions dérogatoires, toute personne peut la demander.

Une dérogation au principe de motivation est prévue par l'article 4 de ladite loi : en cas d'urgence absolue, l'acte défavorable ou dérogatoire peut ne pas être motivé, et il n'est pas pour autant illégal. Cependant, l'administré peut demander à l'administration la communication des motifs de l'acte dans un délai de deux mois (délai de recours contentieux). L'autorité doit lui répondre dans le mois qui suit la demande. À l'expiration de ce délai, l'administré peut saisir le juge pour faire constater l'illégalité (la non-motivation de l'acte).

S'agissant des décisions implicites, c'est-à-dire acquises après un silence de deux mois gardé par l'administration (sauf délai différent prévu par un texte), qui, jusqu'à la loi du 12 novembre 2013 entrée en vigueur pour partie en novembre 2014, constituaient des décisions de rejet, donc des décisions défavorables, l'article 5 de la loi prévoit que l'administré peut exiger la communication de leurs motifs dans le délai de deux mois du recours contentieux et que l'administration a un mois pour lui répondre. Si elle ne lui répond pas, il pourra faire constater par le juge administratif l'illégalité de la décision pour défaut de motivation.

Il ne suffit pas que la motivation soit indiquée pour que la formalité soit remplie, il faut en plus qu'elle soit suffisante. L'article 3 précise en effet que la motivation doit être écrite et *« comporter l'énoncé des considérations de droit et de fait qui constituent le fondement de la décision »*, ce qui exclut la simple paraphrase des textes en vigueur et les motivations stéréotypées ou standard. Si la motivation est insuffisante, imprécise ou incomplète, l'acte devient illégal ; l'administré devra alors saisir le juge afin qu'il annule la décision pour vice de forme (CE, 24 juillet 1981, *Belasri*, Rec. p. 322).

Ainsi, la motivation doit être précise et complète. Pour éviter tout formalisme excessif, la jurisprudence a précisé que la motivation peut figurer dans un document qui est joint à la décision (CE, 18 décembre 1987, *Loyer*, Rec. p. 419).

2. La procédure contradictoire

La procédure est dite contradictoire lorsqu'elle permet aux destinataires des actes administratifs d'en être informés avant leur édiction, afin de pouvoir présenter leurs observations. Elle correspond donc à l'obligation de recevoir les observations des administrés et, plus largement, à celle de respecter les droits de la défense avant de prendre une décision.

L'obligation de respecter les droits de la défense a été érigée en principe général du droit dans l'arrêt *Dame veuve Trompier-Gravier* du 5 mai 1944 (Rec. p. 133). D'abord cantonné aux sanctions, ce principe général du droit a été étendu à toutes les mesures prises en considération de la personne (c'est-à-dire aux mesures *intuitu personae*) dès lors qu'elles ont un caractère suffisamment grave (CE, 24 juin 1949, *Nègre* ; CE, 9 mai 1980, *Société des établissements Cruse*, Rec. p. 217).

L'application du principe du contradictoire a été généralisée par la loi du 12 avril 2000 relative aux droits des citoyens dans leurs relations avec les administrations. L'article 24 précise que tous les actes individuels devant être motivés en vertu de la loi du 11 juillet 1979 doivent respecter le principe du contradictoire lorsqu'ils ne sont pas pris sur demande de l'intéressé. Les décisions *« n'interviennent qu'après que la personne intéressée a été mise à même de présenter des observations écrites »*. L'administré peut demander qu'une audition préalable soit organisée ; si l'administration refuse, la procédure sera entachée d'une irrégularité (CE, 3 avril 2002, *Société Labo'Life España*, *RFDA* 2002, p. 681).

Cette obligation de respecter le principe du contradictoire cesse en cas d'urgence ou de circonstances exceptionnelles, ou lorsque les nécessités de l'ordre public et la conduite des relations internationales sont en jeu. La limitation des *« nécessités d'ordre public »* a été interprétée de façon restrictive afin que toutes les mesures de police n'échappent pas à la procédure contradictoire.

Ainsi, le principe du contradictoire est désormais assuré par la loi du 12 avril 2000 qu'il convient donc d'invoquer dès lors qu'une situation est couverte par cette loi. Il reste néanmoins possible d'invoquer le principe général du droit tel qu'il a été étendu quand la décision n'entre pas dans le champ d'application de la loi, notamment pour les relations entre l'administration et ses agents.

Section 4
Les conditions d'entrée en vigueur et l'exécution de l'acte administratif

L'acte administratif unilatéral existe, c'est-à-dire qu'il est valide et obligatoire, dès signature par son auteur. Sa validité et sa légalité s'apprécient au regard du droit en vigueur à cette date. Ceux qui en connaissent l'existence peuvent donc exercer un recours administratif ou contentieux dès ce moment, même si le délai de recours n'expire que deux mois après l'accomplissement des formalités de publicité. En effet, si l'acte existe dès sa signature, il n'entre en vigueur qu'une fois la mesure de publicité assurée, sauf s'il s'agit d'un acte administratif individuel favorable ; celui-ci entre en vigueur dès sa signature. Avec sa publication ou sa notification, l'acte devient opposable aux administrés et invocables par eux. L'entrée en vigueur des actes administratifs est donc soumise à une obligation de publicité qui permet de les porter à la connaissance des personnes qu'ils visent.

I. La publicité des actes administratifs

La publicité désigne l'ensemble des procédés matériels qui permettent la connaissance de l'acte par les administrés. Le mode de publicité varie selon le type d'acte.

1. La publication des actes administratifs réglementaires

Il convient tout d'abord de préciser le « lieu » de leur publication.

Les actes réglementaires des organes du pouvoir (les décrets du Premier ministre, par exemple) sont publiés au *Journal officiel (JO)* en version papier et sous forme électronique. Les actes des autorités déconcentrées (arrêtés du préfet) le sont dans un recueil des actes administratifs du département. Quant aux actes de collectivités locales, ils sont publiés dans un recueil des actes administratifs de la collectivité ou par voie d'affichage. Enfin, les actes mixtes (ou décisions d'espèce) font l'objet d'une publicité par voie d'affichage ou de publication spéciale.

Depuis le 1er juin 2004, en vertu de l'ordonnance du 20 février 2004, les actes réglementaires de l'État publiés au *JO* entrent en vigueur le lendemain de leur publication, sauf si une date différente d'entrée en vigueur est prévue explicitement dans le corps du texte. Il peut arriver, si l'urgence le justifie, que l'entrée en vigueur ait lieu le jour même. Elle se réalise de manière uniforme sur l'ensemble du territoire. L'entrée en vigueur est rendue possible car la publication de ces actes est assurée « *le même jour [...] sur papier et sous forme électronique* ».

Les autres actes entrent en vigueur le jour même de la réalisation de la mesure de publicité.

Si le défaut de publicité empêche l'entrée en vigueur de l'acte, la publicité n'est pas toujours suffisante pour déclencher son application. Un acte réglementaire peut en effet nécessiter des mesures d'application pour son exécution. Dès lors, son entrée en vigueur est repoussée à la date d'entrée en vigueur des mesures d'application. Du reste, l'entrée en vigueur d'un acte est parfois subordonnée à l'intervention d'un autre acte : c'est notamment le cas des actes réglementaires des autorités décentralisées, qui sont soumis à l'obligation de transmission, c'est-à-dire qu'ils ne s'appliquent qu'après avoir été publiés et transmis au représentant de l'État.

2. La notification des actes individuels

Un acte administratif individuel entre en vigueur à compter de sa notification à l'intéressé, sauf s'il s'agit d'une décision favorable à son destinataire ; celle-ci entre en vigueur dès sa signature (CE, 19 décembre 1952, *Mattéi*, Rec. p. 594). En principe, l'acte devient opposable à la date de réception de la lettre de notification (lettre recommandée avec accusé de réception). Toutefois, lorsque cette décision vise un grand nombre de destinataires, une mesure de publicité assurée par mention dans des journaux ou par la voie d'un affichage peut être faite et se substitue à la notification.

En ce qui concerne les décisions implicites, elles entrent en vigueur dès la date à laquelle elles interviennent (en général, après un silence de deux mois). La loi du 12 novembre 2013 a apporté quelques précisions sur les décisions implicites d'acceptation, qui constituent un principe depuis cette loi. L'intéressé titulaire d'une décision implicite d'acceptation peut demander à l'administration une attestation permettant de démontrer l'existence d'une telle décision. De plus, si la décision est couverte par une obligation de publicité lorsqu'elle est prise de façon expresse, l'administration doit aussi assurer cette obligation quand la décision est implicite (l'administration devra également indiquer la date à laquelle la décision implicite d'acceptation est intervenue). Cela permet de porter la décision à la connaissance des tiers et de faire courir le délai de recours contentieux.

Enfin, les décisions individuelles des autorités décentralisées n'entrent en vigueur qu'après avoir été notifiées aux destinataires et transmises au préfet.

Certaines décisions individuelles prises par les autorités centrales sont publiées au *JO* (par exemple, les décrets de nomination des fonctionnaires).

2. La non-rétroactivité des effets des actes administratifs et leur application immédiate

En principe, les actes administratifs unilatéraux ne peuvent produire des effets que pour l'avenir ; c'est ce qu'on appelle le principe de non-rétroactivité des actes administratifs, qui a été érigé en principe général du droit par le Conseil d'État (CE, 25 juin 1948, *Société du journal* L'Aurore, Rec. p. 239). Cette règle signifie qu'un acte administratif ne peut pas produire des effets pour le passé, c'est-à-dire avant sa publication ou sa notification ; il ne vaut que pour l'avenir.

Le principe de non-rétroactivité n'est cependant pas absolu. Il connaît trois exceptions : il cède si la loi autorise expressément une autorité administrative à prendre des décisions à effet rétroactif (CE, 8 juillet 1949, *Delacommune*, Rec. p. 346) ; si des circonstances particulières et les nécessités de l'action administrative le justifient (CE, 7 février 1979, Ass., *Professeurs agrégés des disciplines artistiques*, Rec. p. 41) ; et dans l'hypothèse d'une décision de retrait d'un acte administratif prise par l'autorité administrative ou de l'annulation d'un acte administratif par le juge administratif.

Les actes administratifs produisent leurs effets dès leur entrée en vigueur et s'appliquent immédiatement aux situations en cours, sauf en matière contractuelle. L'application immédiate n'est pas une hypothèse de rétroactivité. Elle a seulement pour objet d'appliquer la règle nouvelle à des situations juridiques qui sont en train de se constituer. Cette règle doit être conciliée avec le principe de sécurité juridique, qui impose à l'administration de prendre des mesures transitoires lorsque l'application d'une nouvelle règle entraîne, *« au regard de l'objet et des effets de ses dispositions, une atteinte excessive aux intérêts publics ou privés en cause »* (CE, 13 décembre 2006, *Lacroix*, Rec. p. 541).

Le caractère immédiatement exécutoire des actes administratifs découle du privilège du préalable, qui trouve sa justification dans le fait que l'administration est en charge de l'intérêt général. Il signifie que les actes administratifs unilatéraux bénéficient d'une présomption de légalité ;

c'est pourquoi ils doivent être appliqués tant qu'ils n'ont pas été annulés par le juge. C'est ce même principe qui justifie le caractère non suspensif du recours contentieux, hors hypothèse de référé-suspension ou de référé-liberté.

3. Le respect de l'exécution des actes administratifs

Pour garantir l'effectivité des décisions, autrement dit pour faire face à un administré qui refuse d'exécuter une décision, il est possible de prononcer à son encontre des sanctions, pénales ou administratives. Dans certaines hypothèses, l'administration peut parfois recourir à l'exécution forcée.

1. Les sanctions pénales et administratives

Le non-respect de certains actes administratifs unilatéraux peut être sanctionné par une condamnation à une sanction pénale, qui sera alors prononcée par le juge pénal. Ces sanctions, qui prennent en général la forme d'amendes ou de peines d'emprisonnement, sont prévues par de nombreux textes spéciaux. Il existe, en matière de police, une disposition de portée générale : il s'agit de l'article R. 610-5 du Code pénal, qui punit d'amendes ceux qui ont contrevenu aux obligations édictées par les décrets et arrêtés de police.

Le recours au juge pénal pour obtenir l'exécution d'un acte administratif est cependant contesté en termes d'efficacité, en raison notamment de la lenteur de la procédure pénale. Cela a conduit les autorités publiques à recourir aux sanctions administratives, qui apparaissent plus effectives et plus rapides.

Celles-ci sont prononcées non pas par un juge mais par une autorité administrative à laquelle un texte spécial confie cette faculté. Elles prennent la forme de mises en demeure, d'amendes, de retraits d'autorisation, de suspensions ou encore de fermetures d'établissement…

Si, en vertu du principe de légalité des délits et des peines, les sanctions – pénales comme administratives – ne peuvent être prévues que par la loi ou par décret sur habilitation législative, le Conseil d'État a néanmoins admis qu'une sanction administrative puisse, en l'absence de loi et d'habilitation législative, être prévue par un règlement autonome (CE, 7 juillet 2004, *Ministre de l'Intérieur, de la Sécurité intérieure et des Libertés locales c/ Benkerrou*, Rec. p. 298).

Le régime des sanctions administratives tend à se rapprocher de celui des sanctions pénales, en particulier depuis qu'il a été reconnu que certaines autorités administratives, eu égard à leur nature, leur composition et leur attribution, ont la qualité de tribunaux au sens de l'article 6-1 de la Convention européenne des droits de l'homme lorsqu'elles prononcent de telles sanctions (CE, 3 décembre 1999, *Didier*, Rec. p. 399). De fait, l'édiction de ces sanctions est alors soumise à plusieurs obligations :
1) la sanction doit être motivée et prise par un organisme respectant le principe d'impartialité ;
2) elle doit être prononcée dans le respect de la procédure contradictoire ;
3) elle doit être conforme aux principes de la répression pénale, c'est-à-dire être prévue par la loi ou le règlement, proportionnée aux faits reprochés et non rétroactive, sauf hypothèse de rétroactivité *in mitius*[1] qui, comme en matière pénale, s'applique ici ;
4) la sanction peut faire l'objet d'un contrôle juridictionnel. Le juge administratif peut en effet être saisi par la voie du recours de pleine juridiction (CE, 16 février 2009, *Société Atom*, *RFDA* 2009, p. 259).

2. L'exécution forcée

Très exceptionnellement, lorsque les sanctions prononcées se sont révélées insuffisantes, l'administration peut recourir à la force pour faire exécuter ses décisions administratives.

Eu égard aux risques que ce type d'intervention fait courir aux libertés individuelles, le principe reste celui de l'interdiction pour l'administration de faire exécuter directement, par la force, ses décisions. Elle peut néanmoins s'adresser au juge (généralement répressif, sauf dispositions contraires) afin qu'il constate l'inexécution de l'acte, c'est-à-dire la désobéissance, et

---

1. Le principe de rétroactivité *in mitius* implique en droit pénal l'application d'une loi, pourtant adoptée postérieurement à l'infraction poursuivie, lorsqu'elle est plus douce que la loi antérieure. Ici, il consiste à appliquer à une situation établie antérieurement à la loi ou décret prévoyant les sanctions administratives l'une de celles-ci, si elle est plus douce que celle prévue par la règle antérieure.

qu'il autorise le recours à la force publique pour en assurer le respect. La procédure doit être prévue par la loi.

À titre exceptionnel, l'exécution forcée des actes administratifs directement par l'administration a été rendue possible dans trois hypothèses : lorsque la loi l'autorise expressément, qu'aucune autre voie de droit (de type sanction) ne permet de faire respecter cette décision, ou quand il y a urgence et que celle-ci est telle que l'exécution forcée peut avoir lieu même si des sanctions sont possibles (TC, 2 décembre 1902, *Société immobilière Saint-Just*, Rec. p. 713).

Deux conditions encadrent cette possibilité : d'une part, l'administration ne peut y recourir que si elle s'est heurtée à un refus caractérisé d'appliquer la décision ; d'autre part, elle doit respecter le principe de proportionnalité, et ne peut prendre que les mesures d'exécution forcée strictement nécessaires pour assurer le respect de la décision. Si ces deux conditions ne sont pas remplies, l'exécution forcée devient illégale et la responsabilité de l'administration peut alors être engagée.

En dehors de ces trois cas de figure, le recours à l'exécution forcée par l'administration constitue une voie de fait lorsqu'il s'accompagne d'une atteinte grave à la propriété privée ou à une liberté fondamentale. Il est donc susceptible de recours devant le juge judiciaire.

Section 5
L'abrogation et le retrait de l'acte administratif

La disparition de l'acte administratif unilatéral peut résulter d'une cause extérieure, telle la destruction d'un ouvrage public, ou avoir été prévue par son auteur dès l'origine. Généralement, elle est le résultat de l'annulation prononcée par le juge ou du retrait et de l'abrogation décidés par l'administration. On reconnaît en effet à cette dernière le pouvoir de supprimer une décision qu'elle a prise. Toutefois, il ne paraît pas souhaitable de lui laisser en la matière un pouvoir discrétionnaire, qui pourrait s'avérer dangereux pour les administrés puisqu'ils agissent en se fondant sur ses actes. Il faut donc assurer une certaine stabilité des situations juridiques, autrement dit un minimum de sécurité juridique.

Le retrait et l'abrogation par l'administration font donc l'objet de règles complexes qui témoignent de la conciliation effectuée entre le principe de légalité, dont l'application doit entraîner le retrait ou l'abrogation de tout acte administratif unilatéral illégal, et le principe de sécurité juridique (principe général du droit depuis l'arrêt du Conseil d'État du 24 mars 2006, *Société KPMG et autres*, Rec. p. 154), qui suppose le respect des droits acquis.

Ces règles diffèrent selon le caractère réglementaire ou non, régulier ou irrégulier, créateur ou non créateur de droits de l'acte administratif unilatéral.

Lorsqu'on parle d'**acte créateur de droits**, on vise les actes créateurs de droits acquis, c'est-à-dire de droits définitivement constitués, qui ne peuvent être remis en cause. On considère qu'une décision crée des droits lorsqu'elle confère soit au destinataire de l'acte, soit indirectement à un tiers, une situation juridique plus favorable que sa situation précédente. Les actes réglementaires sont considérés comme non créateurs de droits au sens où, s'ils sont susceptibles de produire des effets de droit, les administrés ne disposent à leur égard d'aucun droit à leur maintien en vigueur. Les règlements disposent par voie générale et impersonnelle, ils ne sont donc jamais pris dans l'intérêt de telle ou telle personne et ne font donc pas acquérir de droit. S'agissant des actes non réglementaires, de nombreuses décisions individuelles sont créatrices de droits : c'est notamment le cas des nominations, des promotions, de l'octroi d'une allocation ou d'un permis de construire. En revanche, ne sont pas créatrices de droits les décisions inexistantes, les décisions acquises par la fraude, les actes simplement recognitifs et les autorisations précaires telles qu'une autorisation de police ou une autorisation d'occupation du domaine public.

I. L'abrogation : la disparition pour l'avenir

L'abrogation désigne la suppression pour l'avenir de l'acte par l'administration. Il conserve ses effets passés mais n'en produit plus de nouveaux. L'abrogation ne dispose pas d'effet rétroactif : la situation définitivement acquise n'est jamais remise en cause.

1. L'abrogation des actes réglementaires

a) La possibilité d'abroger des actes réglementaires réguliers

L'abrogation des actes réglementaires est toujours possible car ils ne sont jamais créateurs de droits acquis à leur maintien (CE, 17 mars 1911, *Blanchet*, Rec. p. 333). L'acte réglementaire peut donc être abrogé ou modifié à tout moment par son auteur. C'est une conséquence directe de l'une des « lois » du service public qu'est le principe de mutabilité. Le principe de sécurité juridique oblige néanmoins l'administration à prendre les mesures transitoires qu'implique un changement de réglementation, notamment lorsque l'application immédiate de la nouvelle règle porterait une atteinte excessive aux *« intérêts publics ou privés en cause »* (CE, 24 mars 2006, *KPMG et autres*, cité ci-contre, et CE, 13 décembre 2006, *Lacroix*, Rec. p. 541).

b) L'obligation d'abroger les actes réglementaires irréguliers

L'abrogation devient obligatoire dès lors que le règlement est illégal. Le point de départ d'une telle obligation est contenu dans l'arrêt du Conseil d'État du 10 janvier 1930, *Despujol* (Rec. p. 30), dans lequel le juge administratif a considéré que l'autorité compétente devait abroger tout règlement devenu illégal à la suite d'un changement dans les circonstances de droit ou de fait. Le décret du 28 novembre 1983 a étendu le champ de l'obligation en prévoyant que *« l'autorité compétente est tenue de faire droit à toute demande tendant à l'abrogation d'un règlement illégal »*, que ce dernier soit illégal dès son origine ou qu'il le soit devenu. L'obligation contenue dans le décret a été érigée en principe général du droit (CE, 3 février 1989, *Compagnie Alitalia*, Rec. p. 44). Enfin, la loi du 20 décembre 2007 relative à la simplification du droit complète ce régime : elle oblige l'administration à abroger le règlement illégal dès sa publication ou le règlement devenu sans objet, à la demande d'une personne intéressée mais également d'office. L'obligation d'abroger est donc à la fois étendue aux règlements devenus sans objet, c'est-à-dire inutiles, redondants ou obsolètes, et imposée à l'administration même si cette dernière n'a pas été saisie en ce sens.

Le Conseil d'État, dans un arrêt du 10 octobre 2013 (*Fédération française de gymnastique*, *AJDA* 2014.213), a précisé que l'obligation pour les autorités administratives d'abroger les règlements illégaux, lorsqu'elles sont saisies d'une telle demande, ne s'applique pas si l'illégalité du règlement a cessé à la date à laquelle l'administration se prononce.

2. L'abrogation des actes non réglementaires (ANR)

a) La possibilité d'abroger des actes non réglementaires

Cas des ANR non créateurs de droits

Si l'acte n'est pas créateur de droits, l'administration est libre de l'abroger à tout moment et pour toute cause (il n'est pas nécessaire d'invoquer une illégalité, une question d'opportunité peut suffire), à condition néanmoins de respecter les règles de compétences, de formes et de procédure (CE, 29 novembre 2002, *Assistance publique-Hôpitaux de Marseille, RFDA* 2003, p. 234).

Cas des ANR créateurs de droits

Il convient de distinguer selon que l'acte est légal ou illégal :
– lorsque **l'ANR créateur de droits est légal**, l'autorité administrative ne peut l'abroger que dans deux cas : lorsque le bénéficiaire en fait la demande et si un texte législatif ou réglementaire le prévoit : CE, 30 juin 2006, *Société Neuf Télécom*, Rec. p. 309 ;
– quand **l'ANR créateur de droits est illégal**, le régime est désormais fixé par l'arrêt du Conseil d'État du 6 mars 2009, *Coulibaly* (*AJDA* 2009.454 et 817) : « *Sous réserve de dispositions législatives ou réglementaires contraires et hors le cas où il est satisfait à une demande du bénéficiaire, l'administration ne peut abroger une décision expresse individuelle créatrice de droits que dans le délai de quatre mois suivant l'intervention de cette décision [...].* » Passé ce délai de quatre mois après l'intervention de la décision, il n'est plus possible d'agir, sauf dans deux cas : si le bénéficiaire en fait la demande, et si la loi ou le règlement fixe un autre régime d'abrogation.

Cette jurisprudence relativement récente est la conséquence de l'alignement du régime de l'abrogation sur celui du retrait, qui a été modifié en 2001.

b) L'obligation d'abroger des actes non réglementaires

Depuis l'arrêt du Conseil d'État du 30 novembre 1990, *Association Les Verts* (Rec. p. 339), l'administration est tenue d'abroger un ANR **non créateur de droits** lorsqu'il est **devenu illégal** par suite d'un changement dans les circonstances de droit ou de fait, **à condition qu'une demande en ce sens** ait été déposée par une personne intéressée. Cette obligation d'abroger ne vaut que tant que la décision est susceptible d'un recours contentieux (CE, 30 juin 2006, *Société Neuf Télécom*, cité ci-contre).

2. Le retrait

Le retrait consiste en la suppression rétroactive de l'acte par l'autorité administrative compétente. L'acte est censé n'avoir jamais existé : les effets passés et à venir sont donc anéantis. En raison de la rétroactivité de la mesure, il y a un risque d'atteinte grave au principe de sécurité juridique ; d'où l'idée que plus l'acte est fort par sa portée et sa valeur, moins il peut être retiré.

1. Le retrait des actes administratifs réglementaires

L'acte réglementaire ne crée pas de droit à son maintien pour l'avenir ; en revanche, il crée un droit au respect des effets qu'il a pu produire.

Dès lors, quand l'acte réglementaire est légal, il ne peut pas être retiré, sauf s'il n'a pas reçu d'application effective. Dans ce dernier cas, n'ayant produit aucun effet appelant une protection particulière, il peut être retiré à tout moment (CE, 21 octobre 1966, *Société Graciet et Cie*, Rec. p. 530).

Lorsque l'acte réglementaire est illégal, il peut être retiré à tout moment s'il n'a pas reçu d'application effective (CE, 21 octobre 1966, *Société Graciet et Cie*). En revanche, s'il a fait l'objet d'une application effective, il ne peut être retiré que tant que l'acte réglementaire est susceptible d'un recours contentieux (CE, 15 avril 1988, *Société civile Le Tahiti*, Rec. p. 140). Il peut, le cas échéant, être remplacé par une mesure rétroactive chargée de régulariser la situation née de l'application de l'acte supprimé (CE, 19 mars 2010, *Syndicat des compagnies aériennes autonomes*, *AJDA* 2010.580).

2. Le retrait des actes administratifs non réglementaires

a) Le retrait des ANR explicites non créateurs de droits

Comme ces ANR ne créent pas de droits, le principe de sécurité juridique ne paralyse pas leur retrait. Dès lors, celui-ci est possible à tout moment et pour toute cause. Néanmoins, si l'acte est légal, il ne pourra être retiré que s'il ne crée pas de droits pour des tiers (CE, 30 juin 1950, *Sieur Quéralt*, Rec. p. 413).

b) Le retrait des ANR explicites créateurs de droits

Dans ce cas, les actes étant porteurs de droits acquis, c'est-à-dire de droits définitivement constitués, le principe de sécurité juridique joue un rôle important.

Le retrait des ANR créateurs de droits légaux

En principe, le retrait d'un tel acte est impossible, conformément aux principes de légalité et de sécurité juridique. Par exception, l'acte peut être retiré si une loi ou un règlement le prévoit, en application d'une décision de justice ou si le bénéficiaire lui-même en fait la demande et à condition que ce retrait ne porte pas atteinte aux droits acquis par les tiers, pour lui substituer une décision plus favorable (CE, 23 juillet 1974, *Ministre de l'Intérieur c/ Sieur Gay*, Rec. p. 441).

Le retrait des ANR créateurs de droits illégaux

Le retrait d'un tel acte est possible puisqu'il est illégal, la jurisprudence administrative assurant ainsi le principe de légalité. Cependant, il est assorti d'une condition relative au respect d'un certain délai, afin de ne pas porter une atteinte excessive au principe de sécurité juridique. Cette dernière est complexe et a beaucoup évolué.

Dans un premier temps, le Conseil d'État a admis que le retrait était possible pendant le délai du recours contentieux de deux mois (à compter de la publicité de l'acte) et, dans le cas où un recours contentieux a été formé, tant que le juge n'a pas statué (CE, 3 novembre 1922, *Dame Cachet*, Rec. p. 790). Une fois que ce délai a expiré, l'acte, même s'il est illégal, ne peut plus être retiré. Le juge a donc choisi d'opérer une corrélation entre le délai de recours contentieux et le délai de retrait.

Cette corrélation a rapidement mis en évidence un problème : celui du point de départ du délai. Lorsque l'acte individuel a été notifié mais n'a pas été publié, le délai ne court pas pour les tiers, qui peuvent donc indéfiniment exercer un recours contre l'acte. En matière de retrait, le Conseil d'État a choisi, au départ, de maintenir le lien entre les deux délais et a jugé que quand la publicité était absente ou irrégulière, le délai de retrait ne courait pas pour les tiers et l'administration et que, dès lors, l'acte pouvait être retiré à tout moment (CE, 6 mai 1966, *Ville de Bagneux*, Rec. p. 303). Une telle solution était très regrettable pour les destinataires de l'acte, du point de vue du principe de sécurité juridique. Prenant conscience de ce défaut, le Conseil d'État a instauré une première rupture du lien entre le délai de recours contentieux et le délai de retrait. Il a estimé que l'administration ne pouvait retirer un acte individuel créateur de droits illégaux au-delà du délai de deux mois, quand bien même l'irrégularité de la publicité de l'acte avait empêché le départ du délai de recours (CE, 24 octobre 1997, *Mme de Laubier*, Rec. p. 371).

Cette évolution a été confirmée et étendue par l'arrêt du 26 octobre 2001, *Ternon* (Rec. p. 497), qui entérine la rupture du lien entre le délai de recours contentieux et le délai de retrait et met fin à la jurisprudence *Dame Cachet*. Depuis cette espèce, le Conseil d'État considère que le retrait des actes non réglementaires explicites créateurs de droits illégaux est possible dans le délai de quatre mois à compter de la signature de l'acte.

Cette solution n'est pas applicable aux décisions individuelles implicites, et connaît trois exceptions. Elle est inapplicable : au retrait demandé par le bénéficiaire de l'acte (CE, avis, 6 juillet 2005, *Mme Corcia, AJDA* 2005.2138) ; lorsqu'un texte législatif ou réglementaire y déroge (CE, 28 septembre 2005, *Société Soinne et associés*, Rec. p. 397) ; et en cas de mise en échec par le droit de l'Union européenne (CE, 29 mars 2006, *Centre d'exportation du livre français (CELF)*, *AJDA* 2006.735).

La jurisprudence *Ternon*, en mettant fin à la corrélation entre le délai de recours et celui du retrait, renforce la sécurité juridique.

c) Le retrait des ANR implicites

Sont ici visées les décisions qui résultent du silence gardé par l'administration à la suite de la demande d'un administré. L'application de la jurisprudence *Dame Cachet* aurait conduit à ce qu'elles puissent être retirées à tout moment en cas d'illégalité, vu qu'elles ne sont normalement ni publiées, ni notifiées. Une telle solution aurait été particulièrement néfaste pour la sécurité juridique. Le Conseil d'État a donc tout d'abord jugé qu'une fois formée, la décision implicite d'acceptation ne pouvait plus être retirée, même si elle était illégale (CE, 14 novembre 1969, *Sieur Ève*, Rec. p. 498), à moins qu'elle ait fait l'objet de formalités de publicité (dans ce cas, il fallait faire application de la jurisprudence *Dame Cachet*). Une telle solution n'était pas exempte de reproches, dans la mesure où elle dénotait l'absence de conciliation entre le principe de légalité et le principe de sécurité juridique. C'est pourquoi le législateur est intervenu avec la loi du 12 avril 2000, dont l'article 23 précise le nouveau régime du retrait pour illégalité des décisions implicites d'acceptation.

Il prévoit trois situations différentes :
1) lorsque la décision implicite d'acceptation a fait l'objet de mesures d'information des tiers, le retrait est possible pendant le délai de recours ouvert à ces derniers. En pareille hypothèse, le délai de retrait est celui du recours contentieux, qui court à compter de la date de publicité de la décision;
2) quand la décision implicite d'acceptation n'a pas fait l'objet de mesures d'information des tiers, le retrait est possible pendant un délai de deux mois à compter de la date à laquelle est intervenue la décision;
3) enfin, dans les deux cas, le retrait d'une décision implicite d'acceptation est possible pendant toute la durée de l'instance lorsqu'un recours contentieux a été formé (CE, avis, 12 octobre 2006, *Mme Cavallo, AJDA* 2006.1927). Une telle solution tend à favoriser les droits de l'administration et présente des dangers pour la sécurité juridique des administrés, puisque le bénéficiaire peut voir la décision individuelle implicite retirée à tout moment dès lors qu'elle n'a pas fait l'objet d'une mesure de publicité et qu'un recours a été formé contre elle.

En ce qui concerne les décisions implicites de rejet, leur retrait, n'étant pas réglé par la loi du 12 avril 2000, est toujours soumis à la jurisprudence *Dame Cachet*. Elles peuvent donc être retirées pour illégalité pendant le délai de recours contentieux et, si un tel recours est exercé, tant que le juge n'a pas rendu sa décision : CE, 26 janvier 2007, *SAS Kaefer Wanner*, *AJDA* 2007.537.

Retenir l'essentiel

Les actes administratifs unilatéraux – procédés normaux de l'action administrative – produisent leurs effets sans le consentement de leurs destinataires et témoignent, à ce titre, de l'inégalité de situation existant entre l'administration et ses administrés. Leur régime est soumis à des règles spécifiques qui tendent à amoindrir ce déséquilibre et à protéger les administrés dans leur rapport avec les différentes autorités administratives.

CHAPITRE 2

Les contrats administratifs

Ainsi qu'il a été indiqué précédemment, l'action de l'administration repose principalement sur l'édiction d'actes administratifs unilatéraux. Toutefois, elle a également la possibilité de passer des contrats, qui tirent leur existence d'un accord de volonté des parties. Comme pour l'acte unilatéral, tous les contrats de l'administration ne sont pas des contrats administratifs. Celle-ci peut en effet conclure des contrats identiques à ceux passés entre deux personnes privées. Ces contrats sont dits de droit privé et sont soumis au régime du droit commun des contrats, régis par le Code civil. Dans d'autres cas, elle peut conclure des contrats administratifs qui sont soumis à un régime juridique spécifique, c'est-à-dire exorbitant du droit commun. Ceux-ci se distinguent des contrats de droit privé par le déséquilibre qu'ils manifestent généralement entre l'administration et son cocontractant. À première vue, ils paraissent peu attractifs pour des personnes privées, pourtant les sommes importantes qui sont en jeu les encouragent à contracter avec l'administration.

Il convient de déterminer les critères permettant de conclure au caractère administratif d'un contrat, avant d'examiner son régime puis son contentieux.

Section 1
Les critères de distinction entre contrats administratifs et contrats privés de l'administration

1. Les contrats administratifs par détermination de la loi

Il existe des contrats qui sont dits administratifs par détermination de la loi. C'est le cas lorsque le législateur leur confère la qualification de contrat administratif ou qu'il en confie le contentieux au juge administratif. Seul le législateur peut conférer cette qualification, dans la mesure où la répartition des compétences entre les deux ordres de juridiction est en jeu.

Ainsi, sont des contrats administratifs par détermination de la loi : des contrats d'occupation du domaine public passés par l'État, les collectivités territoriales ou encore les établissements publics (décret-loi du 17 juin 1938) ; les contrats relatifs à l'exécution des travaux publics (loi du 28 pluviôse an VIII) ; les marchés publics (loi du 11 décembre 2001 portant mesures urgentes de réformes à caractère économique et financier, dite « loi MURCEF ») ; ou encore les contrats de partenariat public/privé (ordonnance du 17 juin 2004).

En dehors de ces quelques hypothèses, il appartient de distinguer les contrats administratifs des contrats de droit privé en appliquant des critères dégagés par la jurisprudence.

2. Les contrats administratifs par application des critères jurisprudentiels

La jurisprudence a dégagé deux critères d'identification des contrats administratifs : un critère organique, qui suppose la présence d'une personne publique au contrat, et un critère matériel, en vertu duquel le contrat doit soit contenir une ou plusieurs clauses exorbitantes du droit commun – expression qui vient d'être partiellement remise en cause par le Tribunal des conflits –, soit avoir pour objet ou faire participer le cocontractant de l'administration à l'exécution même d'un service public.

Ces deux critères sont cumulatifs.

1. Le critère organique : la présence d'une personne publique partie au contrat

Le principe est le suivant : un contrat administratif nécessite la présence d'au moins une personne morale de droit public partie au contrat (lecture *a contrario* : TC, 3 mars 1969, *Société Interlait*, *AJDA* 1969.311).

Cette condition connaît néanmoins quelques aménagements.

a) Le cas des contrats passés entre personnes privées

En principe, les contrats passés entre deux personnes privées sont des contrats de droit privé, et ce, en application du critère organique.

Mais dans certaines hypothèses, en raison du lien étroit entre l'action d'une personne privée et celle de l'administration, la jurisprudence a admis certaines atténuations au critère organique.

- **La première hypothèse concerne les travaux routiers d'intérêt national.** Elle est donc **liée à l'objet du contrat**.

À partir du milieu des années 1950, la construction des autoroutes a soulevé certaines difficultés liées au fait qu'elles étaient réalisées soit directement par l'État, soit par des sociétés d'économie mixte auxquelles leur construction avait été concédée. Le contrat passé par l'État avec des entreprises de travaux publics était un contrat administratif, le critère organique étant rempli, alors que le contrat de construction conclu par la société d'économie mixte – société concessionnaire de droit privé – avec une telle entreprise ne pouvait être que de droit privé, le critère organique faisant défaut. Deux contrats du même type étaient ainsi soumis à deux droits et, donc, à deux juges différents. Le Tribunal des conflits, dans une décision du 8 juillet 1963, *Entreprise Peyrot* (Rec. p. 787), a mis fin à cette difficulté en admettant une première exception au critère organique : il juge qu'étant donné que « *la construction des routes nationales [...] appartient par nature à l'État [et] qu'elle est traditionnellement exécutée en régie directe* », il n'y a pas « *lieu de distinguer selon que la construction est assurée de manière normale directement par l'État ou, à titre exceptionnel, par un concessionnaire agissant en pareil cas pour le compte de l'État»*. Il considère que le contrat est administratif parce que son objet appartient par nature à l'État (la réalisation d'une autoroute) et que la construction est assurée, directement ou indirectement, pour le compte de l'État.

• **La deuxième hypothèse réside dans la théorie du mandat implicite.** Elle résulte de l'arrêt CE, 30 mai 1975, *Société d'équipement de la région montpelliéraine* (Rec. p. 326).

Jusqu'à cet arrêt, il n'existait que deux hypothèses dans lesquelles la présence d'une personne publique partie au contrat n'était pas exigée pour conclure à son caractère administratif : celle des travaux routiers d'intérêt national et celle où un mandat explicite a été passé entre une personne publique et une personne privée. Il est en effet admis que l'administration (le mandant) peut donner explicitement mandat à une personne privée (dénommée « le mandataire ») pour exercer, en son nom et pour son compte, tel ou tel acte juridique. Dans cette hypothèse, lorsque le mandataire passe un contrat avec une personne privée, on considère qu'il y a une personne publique partie au contrat puisque le mandataire a agi au nom de l'administration. Il ne s'agit donc pas réellement d'une dérogation au critère organique (CE, 2 juin 1961, *Leduc*, Rec. p. 365).

L'évolution opérée en 1975, qui est une réelle dérogation, prend en compte les hypothèses dans lesquelles la personne privée agit non pas pour son propre compte mais pour celui de la collectivité publique, sans qu'il y ait de mandat explicite. Dans l'arrêt du 30 mai 1975, *Société d'équipement de la région montpelliéraine,* le juge administratif a admis qu'un contrat passé entre deux personnes privées pouvait être analysé comme un contrat administratif s'il résultait de plusieurs indices que l'une de ces deux personnes avait agi pour le compte d'une personne publique. Selon lui, dans cette espèce, les relations étroites entretenues entre l'un des cocontractants et la collectivité publique attestaient l'existence d'un mandat implicite. Dès lors, le critère organique était rempli. Cette théorie du mandat implicite a été étendue par la suite à des contrats autres que ceux de travaux publics, comme c'était le cas dans l'arrêt *Montpelliéraine* (voir notamment : CE, 18 juin 1976, *Dame Culard, AJDA* 1976.579 : il s'agit d'un contrat de prêt passé entre deux personnes privées, Mme Culard et le Crédit foncier de France, la seconde agissant pour le compte de l'État).

• **La dernière hypothèse concerne le cas des personnes privées transparentes.** La théorie de la transparence a été consacrée par l'arrêt CE, 21 mars 2007, *Commune de Boulogne-Billancourt* (*AJDA* 2007.915).

Le Conseil d'État juge que quand une des parties est une personne privée créée par la personne publique qui en contrôle l'organisation et le fonctionnement et qui lui procure l'essentiel de ses ressources, alors elle doit être regardée comme transparente. Dans les relations contractuelles, c'est en réalité la personne publique qui est considérée comme cocontractant. Ainsi, les contrats conclus sont regardés comme des contrats administratifs si le critère matériel est également rempli.

b) Le cas des contrats passés entre personnes publiques

À l'origine, les contrats passés entre deux personnes publiques répondaient au même régime que l'ensemble des contrats, c'est-à-dire qu'ils devaient remplir les deux critères – organique et matériel – pour être qualifiés de contrat administratifs.

Le Tribunal des conflits, dans une décision du 21 mars 1983 (*UAP*, Rec. p. 537), a posé la règle suivante : « *Un contrat conclu entre deux personnes publiques revêt en principe un caractère administratif.* » Cette assertion revient à consacrer une présomption du caractère administratif d'un tel contrat, tout en admettant qu'elle peut connaître des exceptions. C'est le cas lorsque le contrat, par son objet, « *ne fait naître entre les parties que des rapports de droit privé* ». Dans cette hypothèse, il s'agit d'un contrat de droit privé (exemple : un contrat par lequel une personne publique cède un immeuble de bureaux à une autre personne publique).

2. Le critère matériel alternatif

Le caractère administratif d'un contrat suppose, outre la participation d'une personne publique, la satisfaction d'un critère matériel qui est dit aujourd'hui alternatif.

Tout d'abord, le juge s'est fondé sur la finalité du contrat. Il a ainsi jugé qu'est administratif le contrat qui confie à une personne privée le ramassage des chiens errants en vue de l'hygiène et de la sécurité, car il « *a eu […] pour but d'assurer l'exécution d'un service public* » (CE, 4 mars 1910, *Thérond*, Rec. p. 193). Puis ce critère a été abandonné au profit de celui de l'existence d'une clause exorbitante du droit commun (CE, 31 juillet 1912, *Société des granits porphyroïdes des Vosges*, Rec. p. 909). C'est finalement l'arrêt du Conseil d'État du 20 avril 1956, *Époux Bertin* (Rec. p. 167), qui a réintroduit le premier critère et consacré le caractère alternatif du critère matériel.

Désormais, deux critères peuvent donc être envisagés, voire un troisième qui réside dans la notion de régime exorbitant du droit commun.

a) La présence d'une clause exorbitante

Ce critère, s'il perdure encore aujourd'hui, vient de connaître une évolution concernant sa dénomination et, en un sens, sa signification.

Jusqu'à présent, l'expression consacrée était celle de « clause exorbitante du droit commun ». Apparue pour la première fois dans les conclusions du commissaire du gouvernement sous l'arrêt *Société des granits porphyroïdes des Vosges* de 1912, elle n'était pas sans soulever certaines difficultés tenant à l'appréciation de ce que recouvre une telle clause. Le juge administratif en avait donné la définition suivante : est une clause exorbitante du droit commun celle qui confère aux parties des droits ou met à leur charge des obligations « *étrangers par leur nature aux droits et obligations qui sont susceptibles d'être consentis par quiconque* » dans le cadre de relations de droit privé (CE, 15 février 1935, *Société française de constructions mécaniques*, *D.*, Jurisp., 1935, p. 240). Cette définition apparaissait néanmoins imparfaite dans la mesure où elle ne permettait pas de regrouper l'ensemble de ces clauses, qui pouvaient aussi créer une situation d'inégalité.

La difficulté semble avoir été en partie réglée par le Tribunal des conflits qui, dans sa décision du 13 octobre 2014, *SA Axa France IARD* (*AJDA* 2014.2031), met l'accent sur la notion d'intérêt général plutôt que sur celle de « *droit commun* ». Il semble désormais faire reposer la distinction entre un contrat administratif et un contrat de droit privé sur l'existence ou non d'une clause qui « *implique, dans l'intérêt général, qu'il relève du régime exorbitant des contrats administratifs* ».

Une clause exorbitante est donc soit une clause impossible en droit privé car elle nécessite l'intervention de la puissance publique (par exemple, le fait de prévoir dans un contrat des exonérations fiscales : TC, 2 juillet 1962, *Consorts Cazautets*, Rec. p. 823), soit une clause inhabituelle dans les contrats de droit privé parce qu'elle manifeste le but d'intérêt général pour lequel le contrat a été signé ou le caractère inégalitaire des rapports entre l'administration et la personne privée. Tel est le cas d'une clause contractuelle prévoyant le contrôle de l'administration, notamment, sur les personnels employés (TC, 7 juillet 1980, *Société d'exploitation touristique de la Haute-Maurienne*, Rec. p. 509).

Il existe une hypothèse où, malgré la présence d'une telle clause, le contrat n'est pas soumis au régime de droit public : c'est celle des contrats conclus entre les SPIC et leurs usagers, qui sont toujours de droit privé même lorsqu'il existe une clause exorbitante du droit commun (CE, 13 octobre 1961, *Établissements Companon-Rey*, Rec. p. 567).

b) Le lien avec l'exécution d'un service public

Ce critère, contenu implicitement dans l'arrêt *Thérond* (1910), abandonné à la suite de l'arrêt *Société des granits porphyroïdes des Vosges* en 1912, a été remis au goût du jour dans l'arrêt du Conseil d'État du 20 avril 1956, *Époux Bertin*, dans lequel la haute juridiction administrative a jugé qu'est administratif un contrat dont l'objet est de « *confier [...] aux intéressés l'exécution même du service public alors chargé d'assurer le rapatriement des réfugiés* » et ce, même en l'absence de clause exorbitante. Cet arrêt pose la règle du critère alternatif : désormais, il faut soit que le contrat comporte des clauses exorbitantes du droit commun, soit qu'il ait pour objet l'exécution même du service.

Il convient de bien distinguer les contrats qui ont pour objet l'exécution d'un service public et ceux qui sont conclus pour les besoins d'un service public. Les seconds ne peuvent être qualifiés de contrats administratifs en raison de leur objet car, même s'ils sont conclus pour satisfaire les besoins d'un service public, ils n'ont pas pour objet de confier l'exécution même de ce service. Dès lors, ils ne pourront être revêtus du caractère administratif que s'ils contiennent une clause exorbitante du droit commun (CE, 11 mai 1956, *Société française des transports Gondrand frères*, Rec. p. 202).

Ce critère relatif à l'objet se manifeste dans trois types de contrat :
1) les contrats ayant pour objet de confier au cocontractant l'exécution même d'un service public en sa totalité, comme c'est le cas dans l'arrêt *Époux Bertin*, dans lequel il y a délégation de service public ;

2) les contrats qui font participer le cocontractant à une mission de service public, sans lui confier l'exécution intégrale du service public. Tel est les cas des contrats de travail passés par des personnes publiques gérant un service public administratif (par exemple, un contrat conclu entre un centre régional des œuvres universitaires et scolaires et un personnel d'entretien : TC, 25 mars 1996, *Préfet de la région Rhône-Alpes c/ conseil de prud'hommes de Lyon (Berkani)*, Rec. p. 536) ;
3) les contrats constituant une modalité de l'exécution même d'un service public, c'est-à-dire fournissant à l'administration un moyen de remplir sa mission. On peut se référer à l'arrêt du Conseil d'État du 26 juin 1974, *Société « La Maison des isolants de France »* (Rec. p. 365), pour une illustration claire de ces contrats. Dans cette espèce, pour assurer le développement économique de son territoire, une commune a conclu avec une société un contrat dans lequel elle s'engage à lui fournir des terrains et des locaux à un prix inférieur à celui du marché à condition que la société s'engage, en retour, à s'installer sur son territoire. Ce contrat constitue une modalité de l'exécution du service public du développement économique de la commune.

c) L'existence d'un régime exorbitant du droit commun

Le critère de la clause exorbitante du droit commun a connu un prolongement avec celui du régime exorbitant du droit commun, qui a été consacré dans l'arrêt du Conseil d'État du 19 janvier 1973, *Société d'exploitation électrique de la rivière du Sant* (Rec. p. 48).

Dans cette espèce, le contrat ne comportait pas de clause exorbitante du droit commun et ne concourait pas non plus à l'exécution d'un service public ; néanmoins, les textes réglementaires concernant sa passation encadraient fortement tant sa conclusion que son exécution, ce qui lui conférait une réelle spécificité. Le juge en a déduit qu'en raison du régime exorbitant du droit commun auquel il est soumis par les dispositions de textes qui lui sont extérieures, il ne peut être assimilé à un contrat de droit privé et doit donc être qualifié de contrat administratif.

Ainsi, le critère du régime exorbitant du droit commun se déduit de l'environnement juridique extérieur au contrat. On part donc du régime pour en déduire sa qualification de contrat administratif alors que, dans les autres cas, c'est le caractère administratif du contrat, obtenu par l'application du critère, qui permet de déterminer le régime juridique qui lui est applicable.

Néanmoins, le critère de la clause exorbitante du droit commun et celui du régime exorbitant n'ont pas, aujourd'hui, la même aura que le critère de l'objet du contrat. D'une part, il faut reconnaître que le second n'a jamais véritablement connu d'application. D'autre part, le premier voit son champ d'application rétrécir avec le développement, dans les contrats de droit privé, de clauses qui, jusqu'alors, n'existaient que dans ceux de droit public (par exemple, la clause de résiliation unilatérale du contrat en cas de faute du cocontractant).

Section 2
Le régime juridique des contrats administratifs

Le régime juridique des contrats administratifs présente certains points communs avec celui des contrats de droit privé mais il s'en distingue aussi par le fait que l'administration agit dans le but de satisfaire l'intérêt général. Elle dispose, pour ce faire, de prérogatives qui la placent dans une situation de supériorité vis-à-vis de son cocontractant. Par ailleurs, elle se trouve de ce fait confrontée à des limites auxquelles la volonté privée n'est pas soumise. Les limitations apportées à la liberté contractuelle de l'administration ne peuvent être que le fait de la loi. Elles concernent principalement la formation des contrats administratifs, qui est soumise à des règles de compétence, de forme et de procédure pouvant s'avérer très lourdes. En outre, du point de vue de leur exécution, les contrats administratifs se révèlent aussi très spécifiques eu égard aux prérogatives et aux droits des parties au contrat. Dans les deux cas, s'agissant de sa formation comme de son exécution, la spécificité du contrat administratif par rapport aux règles de droit privé réside dans le but d'intérêt général poursuivi par l'administration.

I. La formation des contrats administratifs

La formation des contrats administratifs est encadrée par de nombreuses règles, à l'inverse de celle des contrats de droit privé, ce dernier étant assez peu formaliste sur ce point. Cet encadrement précis a pour but de garantir un traitement égal des différents cocontractants de l'administration. Celle-ci, lorsqu'elle contracte, n'a donc pas une compétence discrétionnaire. Les règles concernent tant sa capacité de contracter que le choix du cocontractant. Avant d'étudier précisément ces contraintes, il convient de présenter les diverses catégories de contrat, les sujétions étant plus rigoureuses pour les marchés publics que pour les autres types de contrat.

I. La diversité des contrats de l'administration

L'administration peut passer de nombreux contrats qui sont soit de droit privé, soit de droit public.

Elle peut d'abord fournir elle-même des prestations. C'est notamment le cas lorsqu'elle conclut avec ses usagers des contrats de distribution d'eau, d'électricité ou de gaz.

Elle peut ensuite contracter avec des personnes privées afin qu'elles lui fournissent des prestations de différentes natures. L'exemple type est celui des marchés publics.

Elle peut enfin contracter avec d'autres personnes privées ou publiques pour organiser le service public, l'exemple type étant celui des délégations de service public.

a) Les marchés publics

L'administration peut demander à différents fournisseurs d'assurer certaines prestations par le biais des marchés publics. Ceux-ci sont définis par le Code des marchés publics dans son article 1er : il s'agit des « *contrats conclus à titre onéreux entre les pouvoirs adjudicateurs [...] et des opérateurs économiques publics ou privés pour répondre à leurs besoins en matière de travaux, de fournitures ou de services* ». Ce sont donc des contrats de la commande publique qui permettent aux personnes publiques de faire réaliser des travaux, d'acquérir des produits ou de bénéficier d'une prestation de service.

Plusieurs remarques peuvent être formulées.

Tout d'abord, le Code des marchés publics, depuis sa version de 2004, utilise le vocable de *« pouvoir adjudicateur »* et non celui de *« personnes morales de droit public »*. Cette nouvelle terminologie n'est pas sans intérêt : elle permet d'englober l'État et ses établissements publics (à l'exclusion des EPIC), les collectivités territoriales et leurs établissements publics, ainsi que les mandataires publics ou privés de l'une des personnes publiques précédemment citées. Ainsi, un marché public peut être conclu par deux personnes privées lorsque l'une est mandataire d'une personne publique.

Ensuite, le Code des marchés publics a repris une amélioration proposée par la jurisprudence. Le Conseil d'État avait en effet reconnu que certains contrats conclus entre des personnes publiques étaient des marchés publics, alors qu'à l'époque, ils ne relevaient pas dudit Code (CE, 20 mai 1998, *Communauté de communes du Piémont de Barr*, Rec. p. 20). Prenant en compte cette jurisprudence, le Code des marchés publics admet désormais que le contractant de la personne publique puisse être une autre personne publique.

Enfin, le marché public est un contrat qui peut concerner **trois domaines** différents. On distingue :
- le marché de fournitures, qui a pour objet l'achat ou la location de produits ou de matériels (ordinateurs, meubles, fournitures de bureau, matériels de construction...) ;
- le marché de travaux publics, qui porte sur la réalisation de travaux de bâtiment ou de génie civil (construction de routes, de ponts, édification et entretien de bâtiments administratifs...) ;
- le marché de services, qui a pour objet la réalisation de différentes prestations de service (nettoyage de locaux, formation des personnels, distribution d'eau, études...).

Malgré les réformes opérées en 2004 et en 2006, certains marchés publics ne relèvent toujours pas du Code des marchés publics : c'est le cas, en particulier, des contrats conclus avec des organisations internationales.

b) Les contrats de délégation de service public

La délégation de service public (DSP) constitue la deuxième grande catégorie de contrat administratif. On en trouve une définition dans la loi

« MURCEF » du 11 décembre 2001, qui a repris les caractéristiques dégagées par la jurisprudence. Il s'agit d'*« un contrat par lequel une personne morale de droit public confie la gestion d'un service public dont elle a la responsabilité à un délégataire public ou privé dont la rémunération est substantiellement liée aux résultats de l'exploitation du service. Le délégataire peut être chargé de construire des ouvrages ou d'acquérir des biens nécessaires au service »*. Ce contrat a des conséquences sur les usagers du service.

Une fois encore, on peut formuler plusieurs remarques :
– le choix du délégataire est totalement libre pour l'administration ;
– il peut s'agir d'une personne publique ou d'une personne privée ;
– le mode de rémunération diffère de celui qui est retenu dans le cadre des marchés publics. Ici, l'administration ne verse pas une somme d'argent. Si elle peut attribuer des subventions au cocontractant pour contribuer à l'équilibre budgétaire du contrat, il se rémunère pour l'essentiel sur les résultats de l'exploitation, autrement dit par des redevances qu'il perçoit sur les usagers. Par l'expression *« rémunération* ***substantiellement*** *liée aux résultats de l'exploitation »*, il faut entendre non pas une rémunération **majoritairement** liée à ses résultats, mais une rémunération propre ayant une influence manifeste sur l'équilibre financier du contrat. Le cocontractant doit donc assumer, à travers cette rémunération, le véritable risque financier – voir notamment CE, 30 juin 1999, *Syndicat mixte de traitement des ordures ménagères Centre-Ouest seine-et-marnais (SMITOM)*, Rec. p. 229.

On distingue classiquement trois types de contrat de délégation de service public :
– le **contrat de concession de travaux publics et/ou de service public**. Dans le cadre d'un contrat de travaux publics et de service public, le délégataire (appelé « concessionnaire ») a la charge de construire un ouvrage, sur ses fonds propres, et de le gérer pendant un temps suffisant pour qu'il puisse rentabiliser son placement et faire des bénéfices grâce aux redevances qu'il perçoit directement sur les usagers. Dans le second cas, le concessionnaire se voit confier uniquement la gestion d'un service public ;
– le **contrat d'affermage**, par lequel la personne publique, qui a elle-même construit l'ouvrage, confie au délégataire (appelé « fermier ») l'exploitation de l'ouvrage ou du service public, pour laquelle il paye une redevance. Comme dans le cas précédent, le fermier tire sa rémunération des redevances perçues directement sur les usagers ;

– le **contrat de régie intéressée** et le **contrat de gérance**. Dans le cadre du premier, le délégataire (appelé « régisseur ») est chargé de l'exploitation d'un service mais ses recettes proviennent principalement d'un intéressement aux résultats de l'exploitation de ce service, versé par l'administration contractante. Dans le cadre du second contrat, la rémunération du cocontractant est versée par l'administration contractante et prend une forme forfaitaire.

Ainsi, le marché public diffère de la délégation de service public sur deux points :
– quant à l'objet propre à chaque contrat : le marché public permet à l'administration d'obtenir une prestation visant à assurer l'exécution d'un service public dont elle a la charge, alors que dans le cadre de la délégation de service public, c'est le délégataire qui a la charge du service public. C'est donc sur lui que pèse la responsabilité du service ;
– du point de vue du mode de rémunération. Dans le cas d'un marché public, le titulaire est rémunéré directement par l'administration, qui lui verse une somme d'argent ; il n'a donc pas de risque financier à assumer. Dans celui de la délégation de service public, la rémunération du cocontractant est, comme il a été indiqué, « *substantiellement liée aux résultats de l'exploitation* ». Le délégataire assume donc le risque économique et financier. Une baisse d'activité du service peut avoir un impact sur sa rémunération.

c) Les contrats de partenariat entre le secteur public et les entreprises privées

Ils ont été institués par l'ordonnance du 17 juin 2004. Ce sont des contrats par lesquels l'administration confie à une entreprise privée la charge de financer, de construire et de gérer des ouvrages et des services publics pour une durée plus ou moins longue, « *en fonction de la durée d'amortissement des investissements ou des modalités de financement retenues* ». La rémunération du cocontractant est versée par la personne publique de façon étalée, c'est-à-dire pendant toute la durée du contrat. Si elle couvre le fonctionnement de l'ouvrage et le coût des travaux, elle n'est pas liée exclusivement à l'exploitation de cet ouvrage, elle peut l'être aussi à des objectifs de performance à la charge du cocontractant.

L'objet de ces contrats est d'associer des financements privés dans la réalisation d'équipements publics (hôpitaux, écoles, prisons, par exemple).

Ces contrats ne peuvent être conclus qu'après la réalisation d'une évaluation permettant de justifier leur passation plutôt que celle d'un marché public ou d'une délégation de service public. Ils sont notamment justifiés : par la complexité du projet, lorsque l'administration n'est pas en mesure de définir seule et à l'avance les moyens techniques répondant à ses besoins ; par l'urgence de la situation, quand l'administration cherche à rattraper un retard préjudiciable pour le service public ou à faire face à une situation imprévisible ; et, enfin, lorsque le recours à un tel contrat présente un bilan coût-avantage plus favorable que celui des marchés publics ou des délégations de service public.

2. La compétence

Le contrat administratif, en tant qu'acte bilatéral, implique un échange de consentements. La capacité contractuelle de l'administration est régie par des règles générales de compétence que l'on peut résumer ainsi :
- au niveau national, étatique, c'est en principe le ministre ou les personnes auxquelles il a délégué sa compétence qui signent les contrats, sauf à l'échelon déconcentré, où la compétence appartient au préfet de département, à moins qu'un texte spécifique ne prévoie toujours la compétence ministérielle ;
- au niveau local, en ce qui concerne précisément les collectivités territoriales, la conclusion d'un contrat est autorisée par l'assemblée délibérante (conseil municipal, conseil général…), puis il est signé par l'exécutif (maire, président du conseil général…) une fois que la délibération a été transmise au préfet. Dans un souci de transparence et afin d'éviter abus et favoritisme, les conseillers municipaux ne peuvent pas participer aux délibérations relatives à des contrats dont ils seraient parties (article L. 2131-11 du CGCT) ;
- s'agissant des établissements publics, c'est le directeur de l'établissement qui est compétent pour conclure des contrats. Il est parfois nécessaire qu'il ait reçu une autorisation de l'assemblée délibérante.

En principe, le contrat s'applique dès sa signature par les contractants. Par exception, certains contrats sont soumis à une procédure d'approbation par une autre autorité qui est soit le supérieur hiérarchique, soit l'autorité de tutelle.

L'incompétence de l'auteur de l'acte entraîne la nullité du contrat mais peut également permettre d'engager la responsabilité pour faute de l'administration, lorsque le cocontractant a subi un préjudice.

3. Le choix du cocontractant

En matière de passation de contrats administratifs, le législateur a amélioré les règles de publicité et de mise en concurrence, sous l'impulsion du droit de l'Union européenne. Si les nouvelles règles viennent limiter la liberté contractuelle de l'administration au niveau procédural, elle lui laisse néanmoins une certaine marge de manœuvre quant au choix du contractant.

Sur ce point, il convient d'opérer une distinction : les procédures de choix du cocontractant diffèrent en effet selon le type de contrat concerné.

Ainsi, en ce qui concerne les marchés publics, il faut distinguer ceux qui sont obligatoirement soumis aux procédures formalisées lorsqu'ils dépassent un certain seuil et ceux qui peuvent être soumis à une procédure dite « adaptée » quand ils sont en dessous du seuil.

S'agissant des délégations de service public, le choix du cocontractant est régi par le principe de l'*intuitu personae*, même si l'administration doit désormais respecter certaines contraintes procédurales visant à favoriser la transparence.

Quant au contrat de partenariat public-privé, le choix du cocontractant s'effectue en principe selon la procédure du dialogue compétitif et, par exception, suivant celle de l'appel d'offres restreint ; elles sont toutes deux applicables aux marchés publics.

a) Les procédures de passation des marchés publics

La passation des marchés publics a toujours été plus ou moins encadrée. La procédure qui leur est applicable détermine les modalités de publicité et de mise en concurrence. Ce dernier principe a plusieurs buts : permettre à l'administration d'obtenir les meilleurs prix tout en évitant le favoritisme, c'est-à-dire en respectant le principe d'égalité ; garantir la qualité des produits, des travaux et des services fournis ; favoriser la négociation avec les candidats aux marchés.

Pendant longtemps, les marchés publics étaient passés par le biais de la procédure de l'adjudication, qui a été supprimée par le Code des marchés publics à partir de 2001 et remplacée par deux grands types de procédure : les procédures formalisées et les procédures adaptées.

Les procédures formalisées

On distingue trois procédures différentes dont l'utilisation est obligatoire à partir d'un certain seuil :

– **l'appel d'offres :** c'est « la procédure par laquelle le pouvoir adjudicateur choisit l'attributaire, sans négociation, sur la base de critères objectifs préalablement portés à la connaissance des candidats » (article 33 du Code des marchés publics – CMP). L'appel d'offres est la procédure de base des marchés publics. Elle est obligatoire à partir d'un certain montant. Elle débute par l'émission d'un avis d'« appel public à la concurrence », qui comprend les conditions du contrat et doit être publié. L'appel d'offres peut être ouvert (dans ce cas, tout opérateur économique peut déposer une offre) ou restreint (seuls ont le droit de concourir, donc de déposer une offre, les opérateurs qui y ont été autorisés après une sélection). Une fois que les candidatures irrecevables ont été écartées, la commission d'appel d'offres (CAO) examine les offres, élimine celles qui ne sont pas conformes aux besoins de la personne publique contractante et retient la plus avantageuse. Quelques ajustements du marché peuvent être réalisés avec le candidat retenu, à condition qu'ils ne portent pas sur les caractéristiques substantielles du marché, notamment la clause financière. Si aucune offre n'est acceptable, une déclaration d'appel d'offres infructueux est prononcée ;

– **les procédures négociées :** la procédure est dite négociée lorsque *« le pouvoir adjudicateur négocie les conditions du marché avec un ou plusieurs opérateurs économiques »* (article 34 du CMP). Elle peut être précédée ou non d'une publicité et d'une mise en concurrence. Ainsi sont négociés après publicité et mise en concurrence préalable les marchés qui n'ont pas reçu d'offre régulière ou acceptable après un appel d'offres ou un dialogue compétitif, et les marchés de prestations intellectuelles qui ne peuvent pas faire l'objet d'un appel d'offres. En revanche, sont négociés sans publicité ni mise en concurrence les marchés conclus pour faire face à une urgence résultant de circonstances imprévisibles, ainsi que les marchés de fourniture concernant des produits fabriqués uniquement à des fins de recherche, d'étude ou de développement sans objectif de rentabilité;

– **la procédure de dialogue compétitif :** il s'agit d'« *une procédure dans laquelle le pouvoir adjudicateur conduit un dialogue avec les candidats admis à y participer en vue de définir ou de développer une ou plusieurs solutions de nature à répondre à ses besoins et sur la base de laquelle ou desquelles les participants au dialogue seront invités à remettre une offre* » (article 36 du CMP). Le recours à cette procédure suppose soit que « *le pouvoir adjudicateur [ne soit] objectivement pas en mesure de définir seul et à l'avance les moyens techniques pouvant répondre à ses besoins* », soit qu'il ne soit « *objectivement pas en mesure d'établir le montage juridique ou financier d'un projet* ». Les offres déposées par les candidats pourront être améliorées par le biais d'une discussion que chacun d'entre eux aura avec le pouvoir adjudicateur. La commission d'appel d'offres attribue le contrat au candidat qui présente l'offre la plus avantageuse économiquement.

La procédure adaptée

Elle peut être utilisée sous les seuils de procédures formalisées. Ses modalités sont « *librement fixées par le pouvoir adjudicateur en fonction de la nature et des caractéristiques du besoin à satisfaire, du nombre ou de la localisation des opérateurs économiques susceptibles d'y répondre ainsi que des circonstances de l'achat* » (article 28 du CMP).

La liberté du pouvoir adjudicateur varie selon le montant du marché. Si le pouvoir adjudicateur est entièrement libre pour les marchés inférieurs à 4 000 euros, il doit en revanche, pour les montants supérieurs, mettre en œuvre au préalable une publicité et une mise en concurrence. Les modalités de la publicité sont libres jusqu'à 90 000 euros et imposées au-delà (articles 28 et 40). Le choix du cocontractant appartient au pouvoir adjudicateur, qui peut tout à fait négocier avec lui.

b) La procédure de passation des délégations de service public

À l'origine, la passation des délégations de service public impliquait une grande liberté de l'administration. Elle avait le libre choix du cocontractant et disposait également d'une grande liberté quant au contenu du cahier des charges. Cette procédure a évolué pour se conformer davantage au principe d'égal accès des candidats à l'octroi de la délégation, et ce, sous l'influence du droit de l'Union européenne et de la jurisprudence.

Comme les marchés publics, les délégations de service public doivent désormais faire l'objet d'une publicité préalable qui prend la forme d'un avis public à la concurrence, nécessairement publié. Le Conseil d'État a en outre imposé une obligation générale d'information des candidats sur les critères de sélection des offres (CE, 23 décembre 2009, *Établissement public du musée et du domaine national de Versailles*, *AJDA* 2010.11 et 500).

Au niveau des collectivités territoriales, une commission dite de délégation de service public établit, une fois les candidatures déposées, une liste des candidats admis à présenter une offre. Il leur appartient ensuite d'élaborer celle-ci en fonction d'un document fourni par la personne publique et présentant le service public objet de la délégation. La commission examine les différentes offres, peut en retenir une ou plusieurs et propose sa liste à l'autorité délégante. Cette dernière reste libre de son choix, elle n'est pas tenue par les propositions de la commission. En outre, elle demeure libre de négocier ces offres afin d'affiner le contrat.

Pour conclure, il faut savoir qu'en cas de violation des différentes règles de mise en concurrence, un référé précontractuel peut être exercé par un candidat évincé. Ce recours peut entraîner la suspension de la procédure et l'interdiction de la signature du contrat. Après la signature de celui-ci, il est possible d'exercer un référé contractuel qui sanctionne les mêmes irrégularités que le précédent. La décision de conclure le contrat étant entachée d'un vice de procédure, le juge peut remettre en cause l'ensemble du contrat en prononçant sa nullité.

En raison de l'adoption le 26 février 2014 des directives européennes « marchés publics » (20014/24/UE ; 2014/25/UE) et « concessions » (2014/23/UE), des évolutions sont à prévoir en matière de passation des marchés publics et d'attribution des contrats de concession. Les différents États membres de l'Union européenne ont jusqu'au 18 avril 2016 pour prendre les mesures de transposition nécessaires.

2. L'exécution des contrats administratifs

C'est probablement au stade de l'exécution que le contrat administratif révèle toutes ses spécificités par rapport à un contrat de droit privé. Parce qu'il participe à une mission d'intérêt général, il manifeste un déséquilibre entre l'administration partie au contrat et la personne contractante. Il est marqué par l'existence de pouvoirs spéciaux confiés à l'administration pour lui permettre d'assurer la primauté de l'intérêt général. Ces prérogatives exorbitantes du droit commun sont contrebalancées par les droits et obligations du cocontractant, qui portent principalement sur la matière financière. Le cocontractant a en effet le droit au respect de l'équilibre financier du contrat, ce qui peut induire des obligations pécuniaires importantes pour l'administration.

1. Les prérogatives de l'administration ou la prise en compte de l'intérêt général

Les pouvoirs spéciaux de l'administration contractante sont en général reconnus dans les contrats qu'elle passe. Du reste, et c'est une originalité du régime des contrats administratifs, ils existent même en l'absence de stipulations contractuelles.

Ces pouvoirs sont divers ; on en distingue classiquement quatre.

a) Le pouvoir de direction et de contrôle

L'administration dispose d'abord d'un pouvoir de contrôle et de direction de l'action de son cocontractant. Elle peut en effet surveiller et vérifier les conditions d'exécution du contrat. Ce pouvoir est la conséquence de l'obligation qu'a l'administration de faire fonctionner le service, ce qui renvoie au principe de continuité du service public. Elle peut exiger des renseignements sur les modalités d'exécution du contrat, adresser au cocontractant des instructions et des « ordres de service » et imposer la présence de ses propres ingénieurs lors des travaux si le contrat porte sur la réalisation d'équipement. À titre d'exemple, l'administration peut, dans le cadre de son pouvoir de contrôle, constater un retard dans l'exécution d'un marché conclu avec une personne privée et, dans le cadre de son pouvoir de direction, imposer l'embauche de personnes à la charge de la société ayant pour mission d'exécuter le marché, afin d'assurer l'exécution du service dans le délai convenu (CE, 22 février 1952, *Société pour l'exploitation des procédés Ingrand*, Rec. p. 130).

b) Le pouvoir de modification unilatérale

En vertu de l'article 1134 du Code civil, les contrats de droit privé sont soumis au principe d'immutabilité, qui signifie qu'ils ne peuvent être modifiés qu'avec l'accord des parties. Si une telle règle devait trouver à s'appliquer en droit administratif, elle pourrait soulever de sérieuses difficultés lorsque les parties ne parviennent pas à trouver un accord sur la modification qu'il convient d'apporter à un contrat, alors que celle-ci répond à une nécessité d'intérêt général. C'est pourquoi il a été reconnu à l'administration le pouvoir de modifier unilatéralement le contrat en cours d'exécution lorsque l'intérêt général le justifie. Ce pouvoir de modification unilatérale renvoie au principe de mutabilité du service public. Énoncé implicitement dès le début du XXe siècle (CE, 10 janvier 1902, *Compagnie nouvelle du gaz de Déville-lès-Rouen*, Rec. p. 5), il a été affirmé clairement et précisément dans l'arrêt du Conseil d'État du 11 mars 1910, *Compagnie générale française des tramways* (Rec. p. 216). Ce pouvoir est reconnu à l'administration même si aucune clause ne le prévoit. C'est ce qui a été confirmé dans l'arrêt du Conseil d'État du 2 février 1983, *Union des transports publics urbains et régionaux* (*UTPUR*, Rec. p. 33), qui fait du pouvoir de modification unilatérale des contrats dans l'intérêt du service une règle du régime du contrat administratif qui existe même en dehors de toute stipulation contractuelle.

Le juge administratif a néanmoins posé certaines limites afin de protéger les cocontractants de l'administration :
– le pouvoir de modification unilatérale doit intervenir au nom du service public, pour les besoins du service et doit donc être justifié par l'intérêt général ;
– l'administration ne peut utiliser ce pouvoir pour modifier unilatéralement les clauses relatives à l'objet du contrat. Elle ne doit pas dénaturer ce dernier ;
– ce pouvoir ne doit pas modifier les éléments financiers du contrat ;
– lorsque l'administration modifie unilatéralement le contrat en imposant de nouvelles obligations, de nouvelles charges supportées par le cocontractant, elle ne doit pas porter atteinte à l'équilibre financier du contrat. Le contractant aura donc droit à une compensation financière intégrale des frais mis à sa charge et des pertes éventuellement subies.

c) Le pouvoir de sanction

Dans un contrat administratif, l'administration a le pouvoir de sanctionner unilatéralement les manquements du contractant. Elle n'est pas obligée de passer par un juge, comme c'est le cas en droit privé si l'une des parties ne respecte pas une clause ou la totalité du contrat. Ce pouvoir existe même en l'absence de stipulations contractuelles expresses, ainsi que l'indique le Conseil d'État dans un arrêt du 31 mai 1907, *Deplanque* (Rec. p. 513).

Ce pouvoir implique l'existence d'une faute de la part du cocontractant, qui ne peut s'abriter derrière une faute de l'administration pour suspendre l'exécution de ses obligations.

Il existe plusieurs types de sanction. Sauf urgence, elles sont prononcées après mise en demeure d'exécuter adressée au cocontractant (qui peut alors présenter ses observations) et sont adaptées à la gravité de ses manquements :

– les **sanctions pécuniaires** sont généralement prononcées en cas de retard dans l'exécution des obligations contractuelles. Elles sont donc calculées de façon forfaitaire. Le but de ces pénalités est d'obliger le cocontractant à exécuter le contrat dans les délais prévus. Le cocontractant fautif peut également être contraint de verser des dommages et intérêts lorsqu'il a, par une faute légère, causé un préjudice à l'administration ;

– les **sanctions coercitives** sont prononcées quand il existe un risque d'exécution irrégulière du contrat. Dans ce cas, l'administration peut faire réaliser la prestation, à savoir l'exécution du contrat, par un tiers mais aux risques et périls du cocontractant, c'est-à-dire à ses frais. Pour les marchés publics, on parle de mise en régie et, pour les contrats de concession de service public, de mise sous séquestre. Les obligations du cocontractant sont alourdies car il supportera les frais et les risques de l'opération ;

– la **résiliation-sanction** est la sanction la plus lourde que l'administration peut prononcer. Elle peut résilier unilatéralement le contrat pour faute grave du cocontractant, notamment quand la défaillance de ce dernier a de graves conséquences pour elle. À moins d'être prévue dans les clauses contractuelles, une telle résiliation est impossible dans les contrats de concession. En pareille hypothèse, il faudra saisir le juge, qui est le seul à pouvoir prononcer la résiliation (CE, 17 novembre 1944, *Ville d'Avallon*, Rec. p. 294).

Cette résiliation ne doit pas être confondue avec la résiliation de plein droit, qui s'exerce en l'absence de faute.

Lorsqu'il est saisi sur ce point par le cocontractant sanctionné, le juge peut contrôler la nécessité des sanctions et leur adéquation à la gravité des faits reprochés. En principe, il ne peut les annuler, même si elles sont prononcées à tort, mais doit dans ce cas accorder des dommages et intérêts au cocontractant.

d) Le pouvoir de résiliation pour des raisons d'intérêt général

L'administration peut prononcer la résiliation du contrat à tout moment de son exécution lorsque l'intérêt du service public l'exige et ce, sans le consentement du cocontractant. Ce pouvoir de résiliation unilatérale est l'exemple type de la clause exorbitante du droit commun s'il est prévu au contrat. Du reste, comme les autres prérogatives spéciales de l'administration, il existe en dehors de toute stipulation contractuelle.

Puisqu'il ne s'agit pas d'une sanction, cette résiliation doit être fondée sur des raisons d'intérêt général. Ces dernières peuvent faire l'objet d'un contrôle par le juge. Il peut annuler la résiliation en l'absence de ces raisons (CE, 2 février 1987, *Société TV6*, Rec. p. 28).

De plus, en pareille hypothèse, le cocontractant a droit à une indemnité intégrale des pertes subies à moins qu'il n'existe une clause contractuelle limitative ou exclusive de responsabilité (CE, 2 mai 1958, *Distillerie Magnac-Laval*, Rec. p. 246). Cette indemnité couvre les frais déjà engagés et le manque à gagner du cocontractant, c'est-à-dire les bénéfices perdus du fait de l'interruption du contrat avant terme.

Enfin, pour le juge du contrat, l'intervention de l'administration est présumée licite ; dès lors, s'il est saisi d'un recours, il se contentera d'analyser si cette décision de résiliation peut ouvrir droit à une indemnisation au profit du cocontractant. Il peut néanmoins arriver qu'il prononce l'annulation de la mesure unilatérale lorsque le contrat porte sur la réalisation d'ouvrages nécessitant des investissements importants de la part du cocontractant.

2. Les droits des contractants ou les obligations de l'administration au titre de l'équilibre financier du contrat

L'examen des droits du cocontractant est l'occasion de faire un point sur ses obligations.

Comme il a été indiqué, il a l'obligation d'exécuter le contrat, ce qui implique qu'il ne peut interrompre son exécution, même en cas de faute commise par l'administration. Cette obligation d'exécuter est une obligation personnelle, autrement dit le cocontractant ne peut faire exécuter le contrat par un tiers, sauf si l'administration l'a autorisé expressément.

Parallèlement à cette obligation, le cocontractant dispose de certains droits dans l'exécution du contrat. Il a notamment droit à ce que l'administration exécute celui-ci de bonne foi et en respecte les stipulations. Il a aussi le droit au paiement intégral de la somme rémunérant sa prestation. La rémunération fixée au contrat lui est versée soit directement par l'administration dans le cadre des marchés publics, soit par les usagers dans le cadre des délégations de service public. Enfin, il a droit au rétablissement intégral ou partiel de l'équilibre financier du contrat. Ce dernier point mérite quelques développements.

a) Le droit à indemnité intégrale en raison des agissements de l'administration contractante

Il recouvre trois hypothèses :

– lorsque l'administration utilise ses prérogatives contractuelles, tel son pouvoir de modification – voire de résiliation – unilatérale, le cocontractant a le droit d'être indemnisé intégralement. C'est ce qu'on appelle la théorie de l'équation financière du contrat : face à l'obligation d'exécuter le contrat, même quand l'administration remet en cause une partie ou la totalité de celui-ci, le cocontractant a droit au maintien de l'équilibre financier. Ce droit, confirmé par l'arrêt *UTPUR* du 2 février 1983, a été posé pour la première fois dans l'arrêt du Conseil d'État du 11 mars 1910, *Compagnie générale française des tramways*, dans lequel le juge considère que la compagnie, qui a subi une modification unilatérale du contrat, aurait pu demander une indemnité en raison des charges d'exploitation. Cette indemnité doit être intégrale, c'est-à-dire qu'elle doit couvrir les pertes subies et le

manque à gagner. Le préjudice doit être réparé dans son intégralité car le cocontractant n'a commis aucune faute ;
– cette même obligation pèse sur l'administration lorsqu'elle a commis une faute dans l'exécution du contrat ;
– l'administration doit aussi indemniser intégralement le cocontractant s'il y a **fait du prince**. La théorie du fait du prince vise l'hypothèse dans laquelle le changement dans les conditions d'exécution du contrat est dû à l'administration, qui a fait usage de pouvoirs autres que ses prérogatives contractuelles (exemples : pouvoir réglementaire ou pouvoir de police). Dans cette hypothèse, elle exerce une compétence étrangère à sa qualité de partie au contrat qui a des effets sur son exécution. Il y a également fait du prince quand les conditions d'exécution du contrat sont modifiées par l'intervention d'une personne publique autre que celle qui est partie au contrat. C'est le cas lorsqu'une loi ou un décret modifie les conditions d'exécution du contrat en cours.

Le droit à une indemnité intégrale est néanmoins conditionné : pour qu'il y ait application de la théorie du fait du prince et versement d'une indemnité intégrale, il faut soit que la mesure ayant des effets aggravants sur l'exécution du contrat concerne spécialement le cocontractant (CE, 9 mars 1928, *Compagnie des scieries africaines*, *RDP* 1928.329), soit, s'il s'agit d'une mesure de portée générale, qu'elle porte atteinte à l'objet ou à un élément essentiel du contrat (CE, 28 décembre 1924, *Tanti*, Rec. p. 940).

b) Le droit à indemnité partielle en raison de circonstances indépendantes de l'administration contractante

Parfois, le bouleversement dans l'équilibre financier du contrat provient de causes étrangères à l'administration. L'exécution du contrat peut devenir problématique pour le cocontractant à cause de changements survenus après la conclusion du contrat et qui ne sont pas imputables à l'administration. Le cocontractant étant dans l'obligation de poursuivre l'exécution du contrat, il peut se retrouver dans une situation financière délicate.

Un tel cas de figure a donné naissance à la **théorie de l'imprévision**, définie par l'arrêt du Conseil d'État du 30 mars 1916, *Compagnie générale d'éclairage de Bordeaux* (Rec. p. 125). En l'espèce, le Conseil d'État a jugé que si l'aléa fait partie des prévisions des parties, il demeure aux risques et périls du cocontractant. En revanche, si l'événement modifiant les conditions d'exécution du contrat revêt un caractère extérieur et imprévisible et cause un bouleversement temporaire, il y a alors imprévision et celle-ci donne droit à une indemnité partielle et provisoire. L'arrêt tient compte à la fois de l'intérêt général, qui exige la continuité du service, et des circonstances particulières, qui ne permettent pas d'exécuter le contrat normalement.

Cette théorie de l'imprévision suppose donc que trois conditions soient remplies. En premier lieu, il faut que l'événement qui a provoqué le bouleversement soit **extérieur aux parties** au contrat. Il doit être indépendant de la volonté d'une personne publique car, si le fait est imputable à l'administration, on appliquera la théorie du fait du prince. Il peut dès lors s'agir d'une guerre, d'une catastrophe naturelle ou encore d'une crise économique mondiale. Ensuite, l'événement doit être imprévisible lors de la conclusion du contrat, c'est-à-dire qu'il doit dépasser tous les calculs qu'ont pu faire les parties à ce moment-là. Enfin, il faut que cet événement ait provoqué dans l'économie générale du contrat un bouleversement qui doit rester temporaire : autrement dit, il doit exister un véritable déséquilibre financier susceptible de mettre en péril l'exécution du contrat, et qui soit durable mais non définitif.

Si ces trois conditions sont remplies, il y a alors imprévision, qui ouvre droit à une indemnisation. L'administration doit en effet aider financièrement le cocontractant lorsqu'il n'a plus la possibilité de remplir ses obligations, et ce, afin de garantir la continuité du service public.

L'indemnisation n'est pas intégrale : la détermination de son montant est, dans un premier temps, recherchée à l'amiable entre les deux parties. À défaut d'accord, il appartient au juge administratif de le fixer. L'événement n'étant pas imputable à l'administration, le juge administratif considère qu'elle n'a pas à en supporter toutes les conséquences financières. Le cocontractant prend donc en charge la part de l'aléa normal (entre 5 et 10 %) et l'administration celle de l'aléa qui dépasse le seuil de prévisibilité. La charge laissée au cocontractant est donc faible.

En outre, l'indemnisation n'est que provisoire : elle doit cesser lorsque l'équilibre contractuel est rétabli.

Dans un arrêt du 5 novembre 1982, *Société Propétrol* (Rec. p. 380), le Conseil d'État a précisé que pour obtenir l'indemnité, le cocontractant ne doit pas interrompre le service, c'est-à-dire qu'il doit continuer à remplir ses obligations contractuelles, même si cela le place dans une situation financière difficile. S'il ne le fait pas, il commet une faute qui le prive de la théorie de l'imprévision et peut justifier par la suite une sanction (une résiliation-sanction, en particulier).

Il existe une seconde hypothèse dans laquelle le cocontractant a droit à une indemnité non intégrale : c'est celle de la **force majeure**.

Lorsque le bouleversement n'est plus temporaire, c'est-à-dire quand il est impossible de rétablir l'équilibre de la situation, le déséquilibre du contrat est assimilé à un cas de force majeure. Cette solution découle de l'arrêt du Conseil d'État du 9 décembre 1932, *Compagnie des tramways de Cherbourg* (Rec. p. 1050). Dans cette espèce, après avoir rappelé la théorie de l'imprévision, qui ouvre droit à une indemnité partielle et provisoire, le juge ajoute que cette obligation d'indemnisation pesant sur l'administration ne peut lui incomber que si le bouleversement est temporaire; *« au contraire, dans le cas où les conditions économiques nouvelles ont créé une situation définitive qui ne permet plus au concessionnaire d'équilibrer ses dépenses avec les ressources dont il dispose, le concédant ne saurait être tenu d'assurer aux frais des contribuables, et contrairement aux prévisions essentielles du contrat, le fonctionnement d'un service qui a cessé d'être viable »*. Dans ce cas, il y a force majeure qui autorise les parties, à défaut d'un accord amiable sur une réorientation de l'exploitation, à demander au juge la résiliation du contrat avec une indemnité si elle a lieu. Celle-ci sera calculée comme en matière d'imprévision : elle est donc partielle.

Par conséquent, la force majeure est liée à un événement extérieur et imprévisible qui cause dans l'économie du contrat un bouleversement pouvant être qualifié d'irrésistible, au sens de définitif, dans ses effets.

Section 3
Le contentieux contractuel

Trois types de recours contentieux doivent être distingués selon les parties à l'action et la nature du recours.

1. Le recours de plein contentieux ouvert aux parties devant le juge des contrats

Le contentieux des opérations contractuelles est traditionnellement un contentieux de pleine juridiction ouvert devant le juge administratif aux seules parties au contrat, en application du principe de la relativité des contrats.

Le juge des contrats est compétent pour examiner la validité du contrat administratif ou de l'une de ses clauses. Dans ce cadre, il peut soit décider de la poursuite du contrat après avoir, le cas échéant, ordonné des mesures de régularisation, soit prononcer sa résiliation en modulant ou non son effet, soit en prononcer l'annulation totale ou partielle, à condition néanmoins de ne pas porter une atteinte excessive à l'intérêt général. Dans cette dernière hypothèse, si le cocontractant a effectué des prestations prévues par le contrat et subi un préjudice, il est en droit d'obtenir une indemnité.

Le juge des contrats est aussi compétent pour trancher les litiges relatifs à l'exécution du contrat. Dans ce cadre, il peut décider du versement de dommages et intérêts lorsque l'une des parties a manqué à ses obligations précontractuelles. Les différentes fautes sont sanctionnées, sauf dans l'hypothèse de force majeure ou de faute de l'autre partie.

2. Le recours en excès de pouvoir ouvert aux tiers en matière contractuelle

En principe, le recours pour excès de pouvoir (REP) n'est ouvert que contre les actes administratifs unilatéraux, et non contre les contrats.

Cette interdiction de principe a été néanmoins assortie de quelques aménagements afin de permettre aux tiers au contrat de défendre leurs intérêts, le recours de plein contentieux leur étant fermé.

C'est ainsi que les actes détachables d'un contrat administratif peuvent faire l'objet d'un REP. La théorie des actes détachables a été exposée pour la première fois dans l'arrêt du CE du 4 août 1905, *Martin* (Rec. p. 749). Aujourd'hui, son champ d'application concerne deux grandes catégories d'acte : l'ensemble des actes préalables au contrat qui manifestent la volonté de l'administration de contracter (exemple : autorisation donnée à l'organe exécutif par l'assemblée délibérante d'une collectivité de conclure le contrat) et l'ensemble des décisions d'exécution du contrat lorsqu'elles en sont détachables – CE, 24 avril 1964, *Société anonyme de livraisons industrielles et commerciales (SALIC)*, Rec. p. 239. Dans cette seconde hypothèse, il s'agit principalement de décisions dues au pouvoir de modification ou de résiliation unilatérale du contrat, qui ne sont « détachables » qu'à l'égard des tiers.

Le juge de l'excès de pouvoir peut être amené à annuler un acte détachable du contrat en raison d'un vice propre à l'acte (comme l'incompétence de son auteur) ou relatif à l'opération contractuelle (la violation des obligations en matière de publicité, par exemple).

Les conséquences de l'annulation de l'acte détachable sur le contrat varient selon la gravité du vice affectant l'acte. Si l'annulation résulte :
– d'un vice propre pouvant être qualifié de « mineur », le contrat peut continuer à être exécuté, à condition qu'un acte régulièrement adopté vienne remplacer l'acte initial ;
– d'un vice propre particulièrement grave ou d'une irrégularité provenant des dispositions contractuelles, il convient, à défaut d'accord entre les parties, de saisir le juge du contrat, qui doit constater sa nullité dès l'origine (CE, 1er octobre 1993, *Société « Le Yacht Club international de Bormes-les-Mimosas »*, *AJDA* 1993.810). Une telle solution suppose l'intervention de deux juges : le juge de l'excès de pouvoir qui a annulé l'acte détachable du contrat ne pouvant prononcer l'annulation du contrat, il appartient au juge des contrats de la prononcer. Cela suppose, à défaut d'accord entre les parties et sur injonction du juge de l'exécution, la saisine du juge des contrats, à qui il appartient de tirer les conséquences de l'annulation de l'acte détachable sur le contrat.

Néanmoins, cette théorie risque à l'avenir de perdre de son utilité, depuis que le Conseil d'État a ouvert à tous les tiers un recours direct contre le contrat : CE, 4 avril 2014, *Département du Tarn-et-Garonne*, *AJDA* 2014.764.

Le Conseil d'État a également jugé, dans un arrêt du 10 juillet 1996, *Cayzeele* (Rec. p. 274), que les dispositions du contrat qui ont un caractère réglementaire peuvent être contestées par les tiers devant le juge de l'excès de pouvoir. Le caractère réglementaire découle de l'effet sur les tiers (autrement dit de la portée de la clause) et de l'objet des dispositions, qui doivent concerner le fonctionnement et l'organisation du service. Ces clauses ne sont réglementaires que pour les tiers, qui peuvent donc agir devant le juge de l'excès de pouvoir s'ils présentent un intérêt à agir. Le cocontractant, lui, ne peut exercer un tel recours.

3. Les nouvelles voies de droit offertes aux tiers

1. Le référé précontractuel et contractuel

Le référé précontractuel a été créé par la loi du 29 janvier 1993. Ce référé, qui a pour objet de faire respecter les obligations de publicité et de mise en concurrence, doit être exercé avant la signature du contrat par un candidat à celui-ci qui est lésé ou risque de l'être (CE, 3 octobre 2008, *Syndicat mixte intercommunal de réalisation et de gestion pour l'élimination des ordures ménagères du secteur est de la Sarthe*, Rec. p. 324). Le juge des référés a vingt jours pour statuer. Il peut prendre, dans ce cadre, des mesures d'urgence préventive (par exemple, ordonner à la personne publique de se conformer aux obligations de publicité et de concurrence). Il dispose, en la matière, d'un large pouvoir d'appréciation.

Le référé contractuel, quant à lui, a été introduit par l'ordonnance du 7 mai 2009. Il permet au juge d'intervenir en urgence après la signature du contrat. Il obéit aux mêmes conditions de recevabilité que le référé précontractuel. Son ouverture est toutefois plus restreinte : si le demandeur a déjà fait usage du référé précontractuel, il ne peut agir par la voie du référé contractuel, dès lors que l'autorité qui attribue le contrat a respecté la suspension de signature de celui-ci et s'est conformée à la décision rendue sur ce recours. Le juge statue dans un délai d'un mois, au cours duquel il peut suspendre l'exécution du contrat. En cas de manquement grave aux obligations de publicité et de mise en concurrence, il doit prononcer la nullité du contrat, «*sauf raisons impérieuses d'intérêt général*». Dans les autres cas, il peut prononcer la nullité du contrat, réduire sa durée ou prononcer une pénalité financière.

2. L'ouverture aux tiers d'un recours direct contre le contrat

Ce dernier recours, introduit à l'origine uniquement au bénéfice des concurrents évincés, a récemment fait l'objet d'une ouverture dont les conséquences sont encore incertaines quant à l'exercice du REP contre les actes détachables.

Depuis un arrêt du 16 juillet 2007, *Société Tropic travaux signalisation* (*AJDA* 2007.1577), le Conseil d'État a ouvert à tout concurrent évincé de la conclusion d'un contrat administratif un recours de plein contentieux lui permettant de contester directement devant le juge administratif, après sa signature, la validité de ce contrat ou de certaines clauses si elles en sont divisibles, et d'ajouter, le cas échéant, une demande indemnitaire. Ce recours doit être formé dans les deux mois de la publicité donnée au contrat et peut être assorti d'une demande de suspension de celui-ci en référé.

Lorsque le juge constate l'existence d'un ou de plusieurs vices affectant la validité du contrat, il doit choisir la mesure la plus adaptée. Pour ce faire, il tient compte de la nature de l'illégalité commise, ainsi que de l'intérêt général et des droits des cocontractants. L'annulation n'est possible que si l'irrégularité est particulièrement grave et si cette mesure ne porte pas une atteinte excessive à l'intérêt général ou aux droits des cocontractants.

Afin de préserver la sécurité juridique des relations contractuelles, le Conseil d'État avait, à l'origine, doublement encadré ce nouveau recours. Il y avait adjoint une limite temporelle – le recours devant être exercé dans un délai deux mois – et une limite personnelle – seuls les concurrents évincés ayant qualité pour agir, et non l'ensemble des tiers. Il est en partie revenu sur cet encadrement en ouvrant à tous les tiers au contrat la possibilité d'exercer un recours direct en contestation de la validité du contrat : CE, 4 avril 2014, *Département du Tarn-et-Garonne* (voir page 137).Cette ouverture risque de porter un sérieux coup à la théorie des actes détachables dans la mesure où il y a des chances pour que, comme les concurrents évincés, les tiers ne puissent plus, à compter de la conclusion du contrat, contester les actes détachables antérieurs à sa conclusion devant le juge de l'excès de pouvoir.

Retenir l’essentiel

Les contrats administratifs reposent, comme en droit commun, sur un accord de volonté. Ils sont néanmoins soumis à un régime spécifique qui manifeste le déséquilibre existant entre l’administration et les administrés. Ce déséquilibre, en partie justifié par le but poursuivi par l’administration, qui réside dans la satisfaction de l’intérêt général, tend à être relativisé par l’existence de droits à la charge des cocontractants et d’obligations pesant sur l’administration.

Partie 4

La légalité administrative

L'administration se distingue des personnes privées en raison des finalités d'intérêt général qu'elle poursuit, mais également des pouvoirs dont elle dispose puisqu'elle bénéficie de prérogatives de puissance publique afin de mener à bien ses missions. Toutefois, ces pouvoirs exorbitants du droit commun n'impliquent nullement que l'administration puisse se soustraire au droit. Son action doit, au contraire, s'inscrire dans le cadre du principe de légalité, qui est l'émanation de l'État de droit.

Ce principe se compose de sources diverses, issues du droit interne, du droit international ou de celui de l'Union européenne, dont l'influence sur le droit administratif est grandissante (chapitre 1). Pour s'assurer du respect de ce principe, les administrés ont la possibilité de former un recours pour excès de pouvoir devant le juge administratif afin de demander l'annulation d'un acte administratif qui serait illégal (chapitre 2).

CHAPITRE 1

Les sources du principe de légalité

L'étude des fondements juridiques qui guident l'action de l'administration permettra de mettre en lumière les deux types de contrôle qu'exerce le juge administratif : un contrôle de légalité et un contrôle de conventionnalité lié à la primauté du droit conventionnel et du droit de l'Union européenne.

Section I
Les sources de droit interne

En droit interne, l'administration se doit de respecter les règles de valeur constitutionnelle, mais aussi les règles législatives et réglementaires. À cela s'ajoutent, par ailleurs, des principes jurisprudentiels, tels les principes généraux du droit.

I. Les bases constitutionnelles du droit administratif

1. La diversité des règles applicables

Les sources de valeur constitutionnelle ne se limitent pas au seul texte de la Constitution du 4 octobre 1958, il convient d'y adjoindre la Déclaration des droits de l'homme et du citoyen de 1789 et le Préambule de la Constitution de 1946. Comme l'a affirmé le Conseil constitutionnel dans sa célèbre décision n° 71-44 DC du 16 juillet 1971 (Rec. p. 29), ces deux textes ont valeur constitutionnelle. Il en est de même de la Charte de l'environnement adoptée plus récemment par la loi constitutionnelle du 1er mars 2005 ; le Conseil constitutionnel, tout comme le Conseil d'État, lui a reconnu pleine valeur constitutionnelle (Cons. constit. n° 2008-564 DC, 19 juin 2008, Rec. p. 313 et CE, 3 octobre 2008, *Commune d'Annecy*, Rec. p. 322).

Au-delà des dispositions contenues explicitement dans les textes du bloc de constitutionnalité, on ne peut évoquer les sources constitutionnelles sans s'intéresser à l'apport de la jurisprudence du Conseil constitutionnel, cette jurisprudence ayant en effet contribué à dégager certains principes. Tel est le cas des principes fondamentaux reconnus par les lois de la République (PFRLR), une notion mentionnée dans le Préambule de la Constitution de 1946. Cette notion renvoie à l'ensemble des principes fondamentaux consacrés par les lois républicaines antérieures à 1946 et qui n'ont jamais été remis en cause. Depuis la fameuse décision du Conseil constitutionnel du 16 juillet 1971, ces principes ont valeur constitutionnelle, ce qui signifie qu'ils s'imposent au législateur et aux autorités administratives. Le premier PFRLR dégagé par le Conseil constitutionnel est la liberté d'association (décision précitée du 16 juillet 1971) ; on peut citer aussi la liberté de l'enseignement (Cons. constit. n° 77-87 DC du 23 novembre 1977, Rec. p. 42) ou encore l'indépendance de la juridiction administrative (Cons. constit. n° 80-119 DC du 22 juillet 1980, Rec. p. 46).

Outre les PFRLR, la jurisprudence du Conseil constitutionnel a également consacré des objectifs à valeur constitutionnelle, telle la sauvegarde du pluralisme des courants de pensée et d'opinion ou la possibilité pour toute personne de disposer d'un logement décent. Les objectifs de valeur constitutionnelle sont donc des normes d'origine jurisprudentielle qui s'imposent au législateur pour orienter son action mais, en principe, ils ne sont pas opposables à l'autorité administrative. Néanmoins, dans sa décision du 24 mars 2006, *Société KPMG et autres* (Rec. p. 154), le Conseil d'État a admis l'invocabilité de l'objectif d'accessibilité et d'intelligibilité de la norme. Un tel objectif est opposable non seulement au législateur mais aussi à l'administration, qui a la faculté d'édicter des actes réglementaires, c'est-à-dire des normes. Il est donc logique que l'accessibilité et l'intelligibilité de la norme lui soient également applicables.

2. La théorie de la loi-écran et la question prioritaire de constitutionnalité

Comme il a été souligné, les dispositions constitutionnelles ont vocation à s'imposer aux autorités administratives. Si le juge administratif se refuse traditionnellement à contrôler la conformité d'une loi à la Constitution (CE, 6 novembre 1936, *Arrighi*, Rec. p. 966), il peut en revanche censurer les actes administratifs pris en méconnaissance des règles constitutionnelles. Cependant, cette possibilité se heurte à la théorie de la loi-écran, qui s'applique lorsqu'un acte administratif a été pris sur le fondement d'une loi. Dans cette hypothèse, le juge considère qu'il ne peut contrôler la conformité à la Constitution de l'acte contesté sans contrôler la constitutionnalité de la loi. Dès lors, la loi fait écran et le juge se contente de contrôler l'acte administratif contesté par rapport à la loi, mais il se refuse à contrôler la conformité de celui-ci à la Constitution. S'il acceptait d'étendre son contrôle, il serait alors contraint d'exercer un contrôle de constitutionnalité de la loi qui a servi de fondement à l'acte administratif attaqué. Or, le Conseil constitutionnel est le seul juge de la constitutionnalité des lois.

La théorie de la loi-écran tend aujourd'hui à bénéficier d'un champ d'application réduit en raison de la possibilité offerte par le nouvel article 61-1 de la Constitution, issu de la révision constitutionnelle du 23 juillet 2008. Cet article a introduit en droit interne la question prioritaire de constitutionnalité, qui permet de contester, par la voie d'un contrôle *a posteriori*, la constitutionnalité d'une disposition législative entrée en vigueur. Ainsi, dans le cadre d'un recours porté devant le juge administratif, le requérant a la possibilité de former une question prioritaire de constitutionnalité. Dans cette hypothèse, la théorie de la loi-écran sera privée d'effet puisque, si la question est jugée nouvelle et sérieuse, le Conseil constitutionnel sera saisi et devra se prononcer sur la constitutionnalité de la disposition législative applicable au cas d'espèce. Le juge administratif devra ensuite tirer toutes les conséquences de la décision rendue par le juge constitutionnel : une disposition législative déclarée contraire à la Constitution pourra alors entraîner l'annulation de l'acte administratif contesté devant le juge administratif. Par conséquent, l'existence d'une loi ne fait plus nécessairement obstacle à l'annulation d'un acte administratif pris sur le fondement de cette loi.

2. Les sources législatives et réglementaires

La loi et le règlement sont tous deux des actes à portée générale et impersonnelle, mais la première relève de la compétence du pouvoir législatif, tandis que le second est élaboré par le pouvoir exécutif.

Le domaine de répartition entre la loi et le règlement est établi par les articles 34 et 37 de la Constitution : l'article 34 énumère les matières dans lesquelles la loi fixe les règles ou les principes fondamentaux. Dans ces domaines, des règlements d'application peuvent intervenir, mais uniquement s'ils sont prévus par la loi. Quant à l'article 37 de la Constitution, il indique que les matières qui ne relèvent pas du domaine de la loi ont un caractère réglementaire. Dans ces différentes hypothèses, le pouvoir exécutif peut adopter des règlements autonomes.

Les autorités administratives sont soumises au respect de la loi mais aussi des actes réglementaires pris par des autorités supérieures (un arrêté pris par un préfet doit ainsi être conforme aux dispositions prises par la voie d'un décret). Par ailleurs, les décisions individuelles de l'administration se doivent de respecter les actes réglementaires.

3. La jurisprudence

Le juge administratif a été amené, au fil de ses décisions, à dégager des principes dont le respect s'impose à l'administration. Tel est le cas, en particulier, des principes généraux du droit, qui ont une valeur *« infra-législative et supra-décrétale »*, d'après la formule du Pr René Chapus.

Pour dégager ces principes, le juge administratif s'inspire de textes qui, sans les citer expressément, semblent les impliquer. Il peut ainsi prendre implicitement appui sur l'une des dispositions de la Déclaration des droits de l'homme et du citoyen de 1789 ou du Préambule de la Constitution de 1946.

Parmi les principes généraux du droit figurent le principe d'égalité devant le service public (CE, 9 mars 1951, *Société des concerts du conservatoire*, Rec. p. 151), la liberté d'aller et de venir (CE, 14 février 1958, *Abisset*, Rec. p. 98), le principe selon lequel toute décision administrative peut faire l'objet d'un recours pour excès de pouvoir (CE, 17 février 1950, *Dame Lamotte*, Rec. p. 110), le respect des droits de la défense (CE, 5 mai 1944, *Dame veuve Trompier-Gravier*, Rec. p. 133), ou encore le principe de sécurité juridique (CE, 24 mars 2006, *Société KMPG et autres*, *GAJA*).

Le juge administratif a ainsi un rôle créateur dans la mesure où il peut être appelé à forger des règles de droit qui viennent pallier le silence ou les insuffisances de la loi. Comme il ne peut se réfugier derrière l'imprécision de la loi, il est parfois amené à dégager les règles applicables à une situation juridique déterminée. Celles-ci s'imposeront ensuite à l'administration lorsqu'elle sera confrontée à un cas similaire.

Section 2
Les conventions internationales

Les traités régulièrement ratifiés sont sources de légalité, comme l'affirme l'article 55 de la Constitution, selon lequel les traités ou accords internationaux régulièrement ratifiés ou approuvés ont « *une autorité supérieure à celle des lois* ». Cette règle vaut notamment pour la Convention européenne des droits de l'homme, dont le juge administratif assure le respect lors de son contrôle.

I. L'application du droit international en droit interne

1. Une application subordonnée à l'effet direct des conventions internationales

À la lecture de l'article 55 de la Constitution, il apparaît que les traités régulièrement ratifiés font partie de l'ordre juridique interne, ce qui signifie que l'on peut invoquer, devant le juge administratif, une convention internationale à l'appui d'un recours dirigé contre un acte administratif (CE, 30 mai 1952, *Dame Kirkwood*, Rec. p. 291). Le seul fait qu'un acte administratif soit contraire à une disposition internationale peut suffire pour convaincre le juge de procéder à son annulation, et ce, même si l'acte a été pris sur le fondement d'une loi. Le Conseil d'État estime en effet qu'un traité régulièrement ratifié doit prévaloir sur une loi qui aurait été adoptée avant ou après la ratification de celui-ci (CE, 20 octobre 1989, *Nicolo*, Rec. p. 190).

Cependant, l'applicabilité des dispositions internationales par le juge administratif ne concerne que celles qui sont revêtues de l'effet direct – CE, 23 avril 1997, *GISTI (Groupe d'information et de soutien des travailleurs immigrés)*, *RFDA* 1997, p. 585, concl. Ronny Abraham. Or, c'est au fil de ses décisions que le juge décide si une disposition remplit les conditions requises. Ainsi, dans sa décision du 7 juin 2006, le Conseil d'État a considéré que la Convention des Nations unies relative aux droits de l'enfant était revêtue de l'effet direct, alors qu'il a refusé au Pacte international relatif aux droits économiques, sociaux et culturels une telle reconnaissance (CE, 7 juin 2006, *Association Aides et autres*, Rec. p. 282).

Les critères permettant d'identifier l'effet direct d'une disposition internationale ont été précisés par le Conseil d'État dans une décision du 11 avril 2012, *GISTI et FAPIL* (Fédération des associations pour la promotion et l'insertion par le logement; *RFDA* 2012, p. 547, concl. Gaëlle Dumortier). Aux termes de cette importante décision rendue par l'assemblée du contentieux, une disposition internationale est reconnue d'effet direct à deux conditions : d'une part, elle ne doit pas avoir pour objet exclusif de régir les relations entre États, ce qui signifie qu'elle doit concerner directement ou indirectement les particuliers; d'autre part, la disposition ne doit requérir l'intervention d'aucun acte complémentaire pour produire des effets à l'égard des particuliers (elle doit être inconditionnelle).

S'agissant de la Convention européenne des droits de l'homme, l'effet direct de ce texte est pleinement reconnu par le juge administratif. Ce dernier est d'ailleurs le juge de droit commun du respect de la Convention car, pour être admis à saisir la Cour européenne des droits de l'homme (CEDH), il faut impérativement avoir épuisé les voies de recours interne. Par conséquent, le juge national (notamment le juge administratif) est chargé d'assurer l'application du droit de la Convention européenne des droits de l'homme en droit interne, le recours devant la CEDH ne présentant qu'un caractère subsidiaire.

2. Une application subordonnée au respect de la procédure de ratification et de la condition de réciprocité

Si l'application du droit international par le juge administratif est soumise aux critères de l'effet direct, d'autres conditions doivent aussi être remplies. Il faut en effet que le traité ait été régulièrement ratifié et approuvé. Or, en vertu de l'article 53 de la Constitution, la ratification de certains traités suppose l'intervention d'une loi (il s'agit notamment des traités de commerce ou de ceux qui engagent les finances de l'État). Le juge administratif contrôle alors que la procédure définie par l'article 53 a bien été respectée (CE, 18 décembre 1998, *SARL du Parc d'activités de Blotzheim et SCI Haselaecker*, Rec. p. 483). Si tel n'est pas le cas, la disposition internationale ne peut être intégrée à l'ordre juridique interne.

Par ailleurs, l'article 55 de la Constitution pose une condition de réciprocité car les traités régulièrement ratifiés ou approuvés ont une valeur supérieure à celle des lois, sous réserve de leur *« application par l'autre partie »*. Initialement, le juge administratif se refusait à exercer un tel contrôle et renvoyait la question au ministre des Affaires étrangères (CE, 29 mai 1981, *Rekhou*, Rec. p. 220). Ce dernier était alors appelé à indiquer au juge s'il devait considérer que cette condition était satisfaite. Toutefois, sous l'influence de la jurisprudence de la Cour européenne des droits de l'homme (13 février 2003, *Chevrol contre France*, *RTDH* 2003, p. 1379, note Valérie Michel), le Conseil d'État a remis en cause sa pratique antérieure. La Cour a en effet estimé que cette pratique était contraire à l'article 6 § 1 de la Convention, qui consacre le droit à un procès équitable. Or, en laissant la possibilité à l'administration d'indiquer si la condition de réciprocité était remplie, le juge administratif lui offrait l'opportunité de se soustraire à l'application d'une convention internationale dans le cadre d'un contentieux. Prenant acte de cette décision, le Conseil d'État a fait évolué sa jurisprudence ; il accepte désormais de contrôler le respect de la condition de réciprocité (CE, 9 juillet 2010, *Mme Cheriet-Benseghir*, *RFDA* 2010, p 1133, concl. Gaëlle Dumortier). Pour cela, il peut recueillir les observations du ministre des Affaires étrangères, mais il n'est plus lié par cette appréciation.

2. Le contrôle de conventionnalité exercé par le juge administratif

1. La supériorité des traités

Peut-on écarter l'application d'une loi au motif qu'elle serait contraire à une disposition d'un traité international ?

En la matière, l'article 55 de la Constitution semble donner une solution dénuée d'ambiguïté : selon cet article, les traités régulièrement ratifiés ont une valeur supérieure à celle des lois (sous réserve de respecter la clause de réciprocité). Néanmoins, la jurisprudence du Conseil constitutionnel a pu susciter des doutes : dans sa décision du 15 janvier 1975 (Cons. constit. n° 74-54 DC, Rec. p. 19), il a estimé que son rôle consistait simplement à vérifier la conformité d'une loi à la Constitution mais qu'il n'avait pas à examiner sa conformité aux traités internationaux. Le juge constitutionnel limite donc son contrôle aux seules dispositions du bloc de constitutionnalité. Une telle jurisprudence implique qu'une loi peut être déclarée conforme à la Constitution par le Conseil même si elle est contraire à un traité international.

De son côté, le juge administratif a pendant longtemps retenu une interprétation restrictive de l'article 55 : il estimait en effet que les traités ne devaient prévaloir que sur les lois antérieures à ceux-ci (CE, 1er mars 1968, *Syndicat général des fabricants de semoule de France*, Rec. p. 149). Cependant, cette interprétation a été abandonnée dans un premier temps par le juge judiciaire (Cour de cassation, 24 mai 1975, *Société des cafés Jacques Vabre*, *D.* 1975, p. 497), avant d'être délaissée par le juge administratif dans l'arrêt *Nicolo* (CE, 20 octobre 1989, déjà cité). Dans cette décision, le Conseil d'État considère qu'un traité international régulièrement ratifié ou approuvé doit prévaloir sur une loi, que celle-ci ait été adoptée avant ou après la ratification du traité. Lorsqu'une disposition législative est contraire à une convention internationale, le juge administratif considère que l'administration doit faire application du traité, et non de la loi.

Par conséquent, si une loi contraire à un traité peut tout à fait être adoptée et entrer en vigueur, elle ne recevra pas d'application devant le juge administratif. Certes, le Conseil constitutionnel ne la déclarera pas contraire à la Constitution car il ne contrôle pas les lois au regard du droit international, mais le juge administratif écartera l'application de cette loi contraire au droit international. Dans cette hypothèse, il exerce un contrôle de conventionnalité visant à s'assurer que la loi est conforme aux dispositions internationales.

La répartition des rôles entre le Conseil constitutionnel et le juge administratif s'opère de cette manière : le premier s'assure que la loi n'est pas contraire à la Constitution, tandis que le second vérifie, avant de faire application d'une loi, qu'elle ne méconnaît pas une convention internationale ratifiée.

Par ailleurs, dans la veine de son contrôle de conventionnalité, le Conseil d'État a estimé que la responsabilité de la puissance publique, c'est-à-dire de l'État, pouvait être engagée du fait de la méconnaissance par la France de ses engagements internationaux (CE, 8 février 2007, *Gardedieu*, Rec. p. 78). En d'autres termes, si une loi est contraire à une convention internationale, l'État peut voir sa responsabilité mise en cause.

2. L'interprétation des conventions internationales par le juge administratif

Lorsque le juge administratif est amené à exercer un contrôle de conventionnalité, il doit nécessairement interpréter la disposition internationale en cause, c'est-à-dire en révéler le sens. Toutefois, initialement, le juge administratif ne se reconnaissait pas ce pouvoir. Lorsqu'une question d'interprétation se posait, il se contentait de renvoyer au ministre des Affaires étrangères le soin de donner une interprétation.

Le Conseil d'État a cependant fait évoluer sa jurisprudence par une décision du 29 juin 1990 (*GISTI*, Rec. p. 171) dans laquelle il s'est reconnu compétent pour interpréter lui-même les traités internationaux. Il n'est donc plus utile de renvoyer la question de l'interprétation au ministre des Affaires étrangères. Et même s'il consulte ce dernier afin de recueillir son avis, le juge n'est nullement lié par son opinion.

Plus récemment, le Conseil d'État s'est reconnu compétent pour interpréter deux traités internationaux afin de les concilier entre eux : lorsque se pose devant lui une question liée à la compatibilité d'un acte administratif faisant application d'une disposition internationale avec une autre convention internationale, le juge administratif se doit de dégager une interprétation permettant de concilier ces deux dispositions. L'administration est en effet tenue, dans la mesure du possible, de respecter toutes les conventions internationales régulièrement ratifiées, ce qui suppose parfois un travail de conciliation (CE, 23 décembre 2011, *M. Kandyrine de Brito Paiva*, Rec. p. 623 ; CE, 11 avril 2014, n° 362237, *M. A. B.*, à paraître au Recueil).

3. L'importance de la Convention européenne des droits de l'homme en droit administratif

Comme cela a déjà été souligné, cette convention est opposable aux autorités administratives françaises, mais aussi au législateur. De plus, les décisions rendues par la Cour EDH visant à interpréter le texte de la Convention ont eu des incidences importantes sur le droit administratif, ainsi que le démontrent les illustrations qui suivent.

C'est en effet sous l'influence de la jurisprudence de la Cour EDH que le juge administratif a consacré le droit à un jugement dans un délai raisonnable (CE, 28 juin 2002, *Garde des sceaux c/ Magiera*, *RFDA* 2002, p. 756).

De même, c'est pour tenir compte de la jurisprudence européenne que l'État français a réformé les modalités d'intervention à l'audience du rapporteur public (appelé commissaire du gouvernement avant le décret n° 2009-14 du 7 janvier 2009). Selon l'article 6 du Code de justice administrative, le rapporteur public doit faire connaître en toute indépendance ses conclusions (c'est-à-dire son appréciation) sur les circonstances de fait de l'espèce et les règles de droit applicables au litige, ainsi que son opinion sur les solutions qu'appelle, suivant sa conscience, le litige soumis à la juridiction. Dans la mesure où le rapporteur public s'est déjà prononcé oralement à l'audience, la Cour EDH a estimé qu'il ne pouvait se retirer avec les membres de la formation de jugement pour assister au délibéré. Sa présence à ce dernier pouvait en effet lui permettre d'influencer, du moins en apparence, la formation de jugement. Or, cela portait atteinte à l'article 6 § 1 de la Convention, qui consacre le droit à un procès équitable (Cour EDH, 7 juin 2001, *Kress contre France*, *RFDA* 2001, p. 991, note Bruno Genevois ; Cour EDH, 12 avril 2006, *Martinie contre France*, *RFDA* 2006, p. 577, note Laurent Sermet). Par le décret n° 2006-964 du 1er août 2006, les modalités d'intervention du rapporteur public ont alors été réformées afin de prendre en compte la jurisprudence de la Cour : désormais, il ne participe plus au délibéré devant les tribunaux administratifs et les cours administratives d'appel. En revanche, il peut être présent devant le Conseil d'État mais sans prendre la parole, étant précisé que le requérant peut demander que le rapporteur n'assiste pas au délibéré.

Section 3
Le droit de l'Union européenne

Les règles de droit de l'Union européenne ont acquis une véritable place en droit interne, en raison du principe de primauté dont bénéficie le droit de l'Union. Ces règles affectent notamment le droit de la concurrence – et donc celui des interventions économiques des personnes publiques –, le droit de l'environnement ou encore la libre circulation des biens et des personnes. Ainsi, le droit de l'Union est susceptible d'influer sur les différents secteurs de l'action administrative ; c'est pourquoi il revêt une importance particulière. Le droit de l'Union européenne fait partie des sources du principe de légalité, ce qui signifie que pour être légale, l'action administrative doit être conforme aux règles européennes.

I. Les règles applicables en droit interne

1. Le droit primaire

Les règles de droit de l'Union européenne qui s'imposent aux autorités administratives sont composées notamment des traités originaires : le traité de Rome créant la Communauté économique européenne en 1957 ; l'Acte unique de 1987 ; les traités de Maastricht (1992), d'Amsterdam (1997), de Nice (2001) ; et, plus récemment, le traité de Lisbonne, signé en 2007 et entré en vigueur le 1er décembre 2009. Ces règles sont aujourd'hui regroupées dans le Traité sur l'Union européenne et le Traité sur le fonctionnement de l'Union européenne.

Les dispositions des traités s'imposent aux lois et aux actes de l'administration, ainsi que l'a indiqué la Cour de justice des Communautés européennes

(CJCE, 15 juillet 1964, *Costa contre ENEL*, affaire 6-64, Rec. p. 1141). Elle a par ailleurs considéré, quelques années plus tard, que les juges nationaux devaient appliquer le droit de l'Union (CJCE, 9 mars 1978, *Simmenthal*, affaire 106-77, Rec. p. 629). De cette jurisprudence découle le principe selon lequel une loi qui serait contraire au droit originaire doit être écartée. Depuis l'arrêt *Nicolo* rendu par le Conseil d'État le 20 octobre 1989 (cité plus haut), cette solution s'applique tant aux lois antérieures qu'aux lois postérieures aux traités. Par conséquent, le juge administratif peut annuler un acte administratif pris sur le fondement d'une loi au motif que celle-ci est contraire aux traités.

2. Les règlements de l'Union européenne

Les règlements font partie, au même titre que les directives, du droit dérivé. En vertu de l'article 288 du Traité sur le fonctionnement de l'Union européenne, « *le règlement a une portée générale. Il est obligatoire dans tous ses éléments et il est directement applicable dans tous les États membres* ».

Cette disposition signifie que les règlements de l'Union européenne s'imposent aux autorités administratives françaises ; tout administré peut ainsi s'en prévaloir à l'appui d'un recours devant le juge administratif. Dès lors que le règlement a été publié au *Journal officiel de l'Union européenne*, il fait partie des règles applicables dans l'ordre juridique interne.

Par conséquent, le juge peut annuler un acte administratif pris en méconnaissance d'un règlement de l'Union. En outre, il ne peut appliquer une loi qui serait contraire à un tel règlement (CE, 24 septembre 1990, *Boisdet*, Rec. p. 251). Le juge administratif consacre donc la même solution pour les règlements de l'Union que pour les dispositions des traités originaires.

3. Les directives de l'Union européenne

Une directive est un acte qui lie les États membres quant au résultat à atteindre, tout en leur laissant généralement le soin de déterminer les moyens à mettre en œuvre afin d'atteindre ce résultat. Pour chaque directive, les instances de l'Union fixent un délai de transposition durant lequel les États sont appelés à prendre les mesures nécessaires à la satisfaction des objectifs de la directive.

L'absence de transposition d'une directive peut entraîner la condamnation de l'État par la Cour de justice de l'Union européenne lors d'un recours en manquement. De son côté, le Conseil constitutionnel a rappelé que la transposition des directives en droit interne est une exigence découlant de l'article 88-1 de la Constitution, qui affirme la participation de la République à l'Union européenne (décision n° 2004-496 DC du 10 juin 2004, Rec. p. 101).

S'agissant de l'application des directives de l'Union européenne en droit interne, il convient d'opérer une distinction selon qu'une directive est invoquée à l'encontre d'un texte général et impersonnel (loi et règlement) ou d'une décision individuelle.

a) L'application des directives aux lois et règlements

Dans une décision du 7 décembre 1984, le Conseil d'État affirme qu'un acte réglementaire doit se conformer aux orientations fixées par une directive, dès lors que le délai de transposition est expiré (CE, 7 décembre 1984, *Fédération française des sociétés de protection de la nature et autres*, Rec. p. 410).

En outre, quelques années plus tard, le Conseil d'État a précisé qu'à l'expiration du délai de transposition, l'État ne peut laisser subsister une disposition réglementaire incompatible avec une directive. Cette disposition réglementaire doit être abrogée si une demande en ce sens est présentée par un administré (CE, 3 février 1989, *Compagnie Alitalia*, Rec. p. 44). Cela signifie qu'une fois le délai de transposition écoulé, un administré peut demander à l'autorité administrative compétente d'abroger un acte réglementaire antérieur à une directive mais dont les dispositions ne sont pas compatibles avec les objectifs de celle-ci. Et dans l'hypothèse où aucune demande d'abrogation n'est formulée, l'acte réglementaire contraire à la directive devient inapplicable (CE, 20 mai 1998, *Communauté de communes du Piémont de Barr*, Rec. p. 202).

Ainsi, l'État français ne peut pas échapper aux conséquences d'une directive en évitant de la transposer : dès lors que le délai de transposition est écoulé, les actes réglementaires contraires à la directive deviennent inapplicables ou doivent être abrogés, et ce, même si cette dernière n'a pas été transposée en droit interne.

La même solution s'applique aux lois puisque le Conseil d'État a considéré, dans un arrêt du 28 février 1992 (*SA Rothmans International France et SA Philip Morris France*, Rec. p. 81), que les directives priment sur les lois lorsque le délai de transposition est arrivé à son terme. Il ressort de cette décision qu'une disposition législative sera écartée si elle est contraire à une directive.

Ainsi, la solution consacrée pour les actes réglementaires vaut aussi pour les lois : une disposition législative ou réglementaire qui est contraire à une directive sera déclarée inapplicable, sous réserve que le délai de transposition de la directive soit achevé.

b) L'application des directives aux décisions individuelles

La jurisprudence administrative a connu, en ce qui concerne les décisions individuelles, des évolutions importantes en 2009.

Dans une décision du 22 décembre 1978 (*Cohn-Bendit*, Rec. p. 524), le Conseil d'État a jugé qu'une directive ne pouvait être invoquée par un requérant pour obtenir l'annulation d'un acte individuel. Le juge administratif a considéré, dans cette espèce, que les directives imposaient des obligations uniquement à l'égard des États. Pour qu'un administré puisse se prévaloir d'une directive, il fallait qu'une législation ou une réglementation nationale l'ait transposée.

Ainsi, un recours fondé directement et exclusivement sur l'incompatibilité entre une directive et un acte individuel ne pouvait aboutir. Les effets des directives sur les administrés étaient subordonnés à l'existence d'une législation ou d'une réglementation nationale de mise en œuvre. Dans cette hypothèse, le requérant pouvait obtenir l'annulation de l'acte individuel en démontrant que l'acte réglementaire ayant servi de base à la décision individuelle était contraire à une directive (CE, 8 juillet 1991, *Palazzi*, Rec. p. 276)

Il résultait des jurisprudences *Cohn-Bendit* et *Palazzi* que pour obtenir l'annulation d'une décision individuelle, il convenait d'invoquer la directive à l'encontre de la loi ou de l'acte réglementaire qui avait servi de fondement à l'édiction de la décision individuelle.

Mais depuis 2009, la jurisprudence administrative a évolué (CE, 30 octobre 2009, *Mme Perreux*, Rec. p. 407). Le juge administratif a considéré que les directives ont un effet direct à l'égard des particuliers dès lors qu'elles contiennent des dispositions suffisamment précises et inconditionnelles. Il estime en effet que *« tout justiciable peut se prévaloir, à l'appui d'un recours dirigé contre un acte administratif non réglementaire, des dispositions précises et inconditionnelles d'une directive lorsque l'État n'a pas pris, dans les délais impartis par celle-ci, les mesures de transposition nécessaires »*. Ainsi, si l'État n'a pas transposé une directive dans le délai fixé, celle-ci est invocable directement à l'appui d'un recours dirigé contre un acte individuel ; elle produit donc un effet direct, sous réserve que ses dispositions soient suffisamment *« précises et inconditionnelles »* pour pouvoir être invoquées.

Les raisons qui expliquent cette évolution tiennent notamment à l'intégration de plus en plus marquée du droit de l'Union européenne au sein du droit interne et plus, précisément, au sein de la jurisprudence administrative. Pour autant, la jurisprudence *Perreux* n'éclipse pas complètement la solution issue de l'arrêt *Cohn-Bendit*, qui trouve encore à s'appliquer quand les dispositions de la directive ne sont pas assez *« précises et inconditionnelles »*. De plus, la solution de l'arrêt *Perreux* ne vaut que lorsque le délai de transposition de la directive est expiré.

2. La sanction de la violation du droit de l'Union européenne

Un acte administratif contraire à une disposition européenne, que celle-ci soit contenue dans le droit originaire, un règlement ou une directive, est déclaré illégal par le juge administratif. Il s'agit donc de la première conséquence de la violation du droit de l'Union.

Par ailleurs, la responsabilité de l'État peut être engagée pour non-respect des règles européennes. Cela découle de la jurisprudence de la Cour de justice des Communautés européennes qui, dans une décision du 19 novembre 1991, a rappelé que le principe de responsabilité de l'État en cas de violation du droit de l'Union est *« inhérent au système du traité »*. Ainsi, les *« États sont obligés de réparer les dommages causés aux particuliers par les violations du droit communautaire qui leur sont imputables »* (CJCE, 19 novembre 1991, *Francovich* et *Bonifaci*, affaires C-6/90 et C-9/90, Rec. p. I-05357).

Le Conseil d'État a fait application d'une solution identique dans une décision du 28 février 1992, *Société Arizona Tobacco Products et SA Philip Morris*

France (Rec. p. 78) : il a considéré que la violation du droit de l'Union européenne était susceptible d'engager la responsabilité de l'État et, donc, de permettre à la victime de cette faute d'obtenir réparation par l'octroi de dommages et intérêts.

Depuis la décision du Conseil d'État du 8 février 2007, *Gardedieu*, cette solution est étendue à tous les engagements internationaux de la France : par conséquent, la méconnaissance par celle-ci d'un engagement international, qu'il s'agisse d'une règle de droit de l'Union européenne, d'une règle affirmée par la Convention européenne des droits de l'homme ou de tout autre traité international, engage sa responsabilité.

Dans la lignée de la jurisprudence *Gardedieu*, le Conseil d'État a considéré que la responsabilité de l'État pouvait être engagée dès lors qu'une loi est adoptée en méconnaissance des principes généraux du droit de l'Union européenne. Plus précisément, le juge administratif a estimé, dans cette espèce, que l'État peut voir sa responsabilité engagée lorsqu'une loi est contraire aux principes de sécurité juridique et de confiance légitime garantis par le droit de l'Union européenne (CE, 23 juillet 2014, *Société d'éditions et de protection route*, n° 364365, à paraître au Recueil).

3. La place du droit de l'Union européenne dans la hiérarchie des normes

Le Conseil constitutionnel affirme la primauté du droit de l'Union européenne tout en maintenant la Constitution au sommet de la hiérarchie des normes : en effet, d'après la jurisprudence constitutionnelle, la primauté du droit de l'Union trouve son fondement dans une disposition constitutionnelle, et plus précisément dans l'article 88-1 de la Constitution (décision n° 2004-496 DC du 10 juin 2004 précitée).

Dans une décision du 30 novembre 2006 (n° 2006-543 DC, Rec. p. 120), le Conseil constitutionnel a aussi indiqué qu'il était incompétent pour contrôler la constitutionnalité d'une loi qui se bornait à transposer une directive. Il évite ainsi de confronter une directive à la Constitution, sauf dans l'hypothèse très restrictive où la directive serait contraire à un « *principe inhérent à l'identité constitutionnelle de la France* », ce qui renvoie par exemple au principe de laïcité ou à l'indivisibilité de la République. Ainsi, une loi visant à transposer une directive ne peut être déclarée contraire à la Constitution, réserve faite de cas très restrictifs et probablement très rares.

La question de la confrontation entre une directive et une disposition constitutionnelle s'est également posée devant le Conseil d'État dans une décision du 8 février 2007, *Société Arcelor* (Rec. p. 55). Dans cette espèce, la société requérante contestait la légalité d'un décret visant à transposer une directive au regard du principe constitutionnel d'égalité. Le juge administratif a donc dû répondre à la question de savoir s'il pouvait contrôler la constitutionnalité d'un décret de transposition d'une directive (et, incidemment, la constitutionnalité d'une directive). Pour contourner la difficulté, il a opéré un transfert du litige sur le terrain du droit de l'Union : il a en effet indiqué que si le principe constitutionnel dont la violation est invoquée a son équivalent en droit de l'Union, il faut contrôler le décret au regard du droit européen. En d'autres termes, l'acte de transposition sera confronté au droit de l'Union, et non au droit constitutionnel, dès lors que le principe dont la violation est invoquée a son équivalent en droit de l'Union.

À l'image du Conseil constitutionnel, le juge administratif évite ainsi de confronter le décret de transposition à la Constitution. Celui-ci ne sera contrôlé qu'à l'aune du droit de l'Union européenne. Et si ce contrôle soulève une difficulté sérieuse, le juge administratif pourra renvoyer à la Cour de justice de l'Union européenne le soin d'indiquer si la directive est effectivement conforme au droit européen. La solution retenue par le juge administratif dans l'arrêt *Arcelor* permet de conforter la primauté du droit de l'Union européenne sans remettre en cause la place de la Constitution au sommet de la hiérarchie des normes.

En revanche, si le principe constitutionnel invoqué n'a pas son équivalent en droit de l'Union, il appartiendra au juge administratif d'*« examiner directement la constitutionnalité des dispositions réglementaires contestées »*. Selon l'arrêt *Arcelor*, le juge peut être autorisé, dans cette hypothèse, à contrôler indirectement la constitutionnalité de la directive. Toutefois, ce cas de figure restera exceptionnel puisque la plupart de nos principes constitutionnels trouvent leur équivalent en droit de l'Union européenne. Cela ne devrait concerner que les *« principes inhérents à l'identité constitutionnelle de la France »*. La jurisprudence administrative semble donc rejoindre celle du Conseil constitutionnel.

Retenir l'essentiel

L'administration étant soumise au droit, son action est régie par des règles issues du droit interne, mais aussi du droit européen et international. Les sources du principe de légalité sont diverses ; le droit de l'Union européenne et le droit de la Convention européenne des droits de l'homme revêtent aujourd'hui une importance particulière, aux côtés des sources de droit interne. Le juge administratif est ainsi chargé de veiller à la bonne application de ces règles de droit par l'administration.

CHAPITRE 2

Le contrôle de légalité

Dans le cadre de son action, l'administration est soumise au principe de légalité, dont le respect est assuré notamment par le juge administratif lors d'un recours pour excès de pouvoir. Un acte administratif qui ne se conforme pas aux règles de droit en vigueur encourt l'annulation par le juge et, de ce fait, il disparaîtra de l'ordonnancement juridique.

Cependant, l'étendue du contrôle juridictionnel est variable dans la mesure où l'administration dispose d'une latitude d'action plus ou moins importante, selon qu'elle est placée en situation de compétence liée ou de pouvoir discrétionnaire.

Section 1 Les modalités d'exercice du contrôle de légalité

Le contrôle de légalité peut être juridictionnel, c'est-à-dire que toute personne justifiant d'un intérêt à agir peut saisir un juge afin de faire sanctionner une illégalité, mais il existe également d'autres alternatives pour faire reconnaître une illégalité.

1. Le contrôle administratif

Dans le cadre de ce contrôle, l'administré demande à l'administration de constater elle-même l'illégalité par la voie d'un recours hiérarchique ou d'un recours gracieux. Cette forme de contrôle peut être exercée avant un recours contentieux, ou à la place de ce dernier si l'administré obtient satisfaction en s'adressant à l'administration.

Ainsi, l'administré qui estime que l'administration a adopté un acte illégal n'est pas nécessairement tenu de saisir un juge afin de le faire annuler. Il peut, dans un premier temps, former un recours hiérarchique auprès du supérieur de l'agent qui a adopté l'acte en lui demandant de revenir sur celui-ci. C'est donc le supérieur hiérarchique de l'agent qui exercera le contrôle administratif.

Ce contrôle peut aussi être exercé par l'agent qui a pris la décision ; c'est ce que l'on appelle un recours gracieux. L'administré demande alors à l'auteur de la décision de revenir dessus, soit en l'abrogeant – ce qui la fait disparaître pour l'avenir –, soit en la retirant – ce qui supprime rétroactivement la décision litigieuse.

Si le recours administratif n'aboutit pas, l'administré peut ensuite saisir le juge administratif. Il existe toutefois une différence substantielle entre un recours administratif et un recours contentieux : toute décision de justice bénéficie en effet de l'autorité de la chose jugée, ce qui n'est pas le cas du contrôle administratif. En d'autres termes, le recours administratif ne produit de conséquences qu'à l'égard de son auteur ; il ne vaut pas *erga omnes*, à la différence du contrôle juridictionnel.

2. Le contrôle juridictionnel

Il est mis en œuvre par la juridiction administrative, qui est composée en première instance des tribunaux administratifs puis des cours administratives d'appel, et enfin du Conseil d'État, qui est juge de cassation. Toutefois, dans certaines hypothèses, ce dernier est juge de premier et dernier ressort : cela concerne, par exemple, les recours contre les actes réglementaires des ministres.

Le contrôle juridictionnel peut être mis en œuvre selon deux modalités : par voie d'action ou d'exception. Le recours par voie d'action suppose de saisir le juge administratif d'un recours en annulation dirigé directement contre l'acte litigieux. En revanche, dans l'exception d'illégalité, le requérant remet en cause de manière incidente la légalité de l'acte.

Un requérant peut ainsi contester directement la légalité d'un décret en formant un recours pour excès de pouvoir contre cet acte; le juge exerce, dans ce cas, un contrôle par voie d'action. Cependant, ce recours est enfermé dans un délai strict au terme duquel la légalité du décret ne peut plus être contestée par voie d'action. Le requérant peut néanmoins demander l'annulation d'une décision prise par l'administration sur le fondement de ce décret en arguant du fait que la décision a été prise sur la base d'un décret illégal. Dans ce cas, ce n'est pas l'annulation du décret qui est demandée; *in fine,* seule la décision prise sur la base de celui-ci pourra être annulée. Simplement, l'annulation de la décision peut être obtenue si le requérant démontre que le décret qui lui a servi de base est illégal. Certes, ce dernier ne sera pas annulé car le délai de recours contre lui est expiré, mais il sera écarté dans le litige en cause, le juge n'en fera pas application.

Le recours par voie d'action et l'exception d'illégalité produisent ainsi des effets différents : le recours en annulation tend directement à faire annuler l'acte illégal par le juge. L'exception d'illégalité permet seulement d'écarter son application à un litige donné; mais l'acte subsistant dans l'ordonnancement juridique, il devra être écarté lors de chaque nouveau procès. Néanmoins, à la différence du recours en annulation, qui est enfermé dans des délais assez brefs, l'exception d'illégalité peut être soulevée à tout moment, sans conditions de délai.

Section 2
Le recours pour excès de pouvoir

C'est un recours contentieux par lequel tout intéressé peut demander au juge administratif de reconnaître qu'une décision administrative est illégale et d'en prononcer l'annulation. Selon la formule d'Édouard Laferrière, le recours pour excès de pouvoir est *« un procès fait à un acte »*[1].

I. Les conditions de recevabilité du recours pour excès de pouvoir

Ces conditions de recevabilité s'imposent nécessairement ; si l'une d'elles fait défaut, le juge administratif rejette le recours pour irrecevabilité.

1. Les conditions relatives à la nature de l'acte

Pour être recevable, le recours pour excès de pouvoir doit être dirigé contre un acte administratif faisant grief. Cela exclut les mesures d'ordre intérieur, considérées comme des actes de moindre importance dont le contenu ne fait pas grief (voir partie 3, chapitre 1, « Les mesures d'ordre intérieur », page 76). Il en est de même des circulaires qui ne contiennent pas de dispositions impératives (voir partie 3, chap. 1, « Les circulaires », page 73).

Par ailleurs, certains actes pris par des personnes publiques échappent à tout contrôle car ils bénéficient d'une immunité juridictionnelle. Cela concerne plus précisément les actes de gouvernement, dont la nature politique semble justifier qu'ils soient soustraits au contrôle du juge (CE, 19 février 1875, *Prince Napoléon*, Rec. p. 155). Leur caractère essentiellement politique leur fait perdre leur nature administrative, ce qui justifie l'absence de contrôle de légalité. Tel est le cas d'un acte pris par le président de la République visant à nommer un membre du Conseil constitutionnel (CE, 9 avril 1999, *Mme Bâ, RFDA* 1999, p. 703). Il en est également ainsi de la décision de soumettre un projet de loi à un référendum (CE, 19 octobre 1962, *Brocas*, Rec. p. 553) ou de mettre en œuvre l'article 16 de la Constitution

1. É. Laferrière, *Traité de la juridiction administrative et des recours contentieux*, 2e éd., 1896.

(CE, 2 mars 1962, *Rubin de Servens*, Rec. p. 143). Constituent aussi des actes de gouvernement les décisions qui sont intimement liées aux relations internationales : par exemple, la décision d'envoyer les forces militaires françaises au Kosovo (CE, 5 juillet 2000, *Mégret et Mekhantar*, Rec. p. 291).

En outre, dans la mesure où le recours pour excès de pouvoir doit être dirigé contre un acte administratif, cela exclut les recours formés contre les contrats, réserve faite des actes détachables. Toutefois, la portée de cette théorie a été remise en cause par un arrêt du Conseil d'État du 4 avril 2014, *Département du Tarn-et-Garonne* (*AJDA* 2014, p. 764). Dans cette décision, le juge indique que *« tout tiers à un contrat administratif susceptible d'être lésé dans ses intérêts de façon suffisamment directe et certaine par sa passation ou ses clauses est recevable à former devant le juge du contrat un recours de pleine juridiction contestant la validité du contrat ou de certaines de ses clauses non réglementaires qui en sont divisibles »*. À partir de cette décision, le recours pour excès de pouvoir formé contre les actes détachables d'un contrat administratif perd de son intérêt : le requérant qui justifie d'un intérêt à agir dispose désormais de la possibilité d'exercer un recours de plein contentieux dans lequel les pouvoirs du juge sont plus étendus.

2. Les conditions relatives au délai

Tout recours est soumis à des délais, sous peine d'être forclos ; or, la forclusion entraîne l'irrecevabilité du recours. En droit administratif, le délai de droit commun est de deux mois à compter de la notification de l'acte s'il s'agit d'une décision individuelle, ou de la publication s'il s'agit d'un acte réglementaire.

Il existe cependant des cas de prorogation du délai : lorsque le requérant a formé un recours administratif dans le délai du recours contentieux, le recours administratif a pour effet d'interrompre le délai.

3. L'intérêt à agir du requérant

Le requérant doit démontrer qu'il a un intérêt personnel à obtenir ce qu'il demande : par exemple, s'il exerce un recours contre un décret, il doit démontrer qu'il a intérêt à voir ce texte annulé. L'intérêt allégué peut être individuel mais aussi collectif ; le juge administratif admet en effet la recevabilité des recours exercés par des groupements pour la défense de l'intérêt collectif de leurs membres (CE, 28 décembre 1906, *Syndicat des patrons coiffeurs de Limoges*, Rec. p. 977). Toutefois, en vertu du principe selon lequel « nul ne plaide par procureur », un groupement ne peut former un recours pour la défense d'intérêts individuels : il faut que la décision lèse les membres du groupement.

2. Les cas d'annulation

Il existe plusieurs cas d'annulation : l'incompétence, le vice de forme, le vice de procédure, le détournement de pouvoir, l'illégalité en raison du contenu de l'acte et l'illégalité relative aux motifs de l'acte. Les trois premiers moyens d'annulation font partie de la légalité externe, et les trois derniers relèvent de la légalité interne. Cette distinction, issue de la jurisprudence (CE, 20 février 1953, *Société Intercopie*, Rec. p. 88), permet de dissocier selon que l'on conteste la manière dont l'administration a pris une décision ou le contenu même de celle-ci.

De plus, il existe un cas d'annulation qui est d'ordre public, ce qui signifie que le juge administratif le relèvera d'office, même si l'auteur du recours ne l'a pas mentionné. Cela vise l'incompétence de l'autorité auteure de la décision. Lors de son contrôle, si le juge constate que l'autorité était incompétente, il soulèvera ce moyen, c'est-à-dire qu'il l'examinera, même si le requérant ne l'a pas invoqué à l'appui de son recours.

1. Les moyens de légalité externe

Ce n'est pas le fond – c'est-à-dire le contenu – de la décision qui est remis en cause, mais la façon dont l'administration a décidé.

a) L'incompétence

Dans cette hypothèse, l'auteur de la décision n'était pas juridiquement habilité à l'adopter. C'est le vice d'illégalité le plus grave, dans la mesure où les pouvoirs de l'administration ne peuvent s'exercer que dans le cadre des textes qui leur confèrent des attributions. Cela explique que l'incompétence soit un moyen d'ordre public.

Il existe plusieurs types d'incompétence :
– l'incompétence matérielle : l'autorité administrative intervient dans une matière qui ne relève pas de ses attributions ;
– l'incompétence territoriale : une autorité administrative a pris une décision qui s'applique en dehors de sa circonscription. Par exemple, un inspecteur des impôts notifie un redressement fiscal à un contribuable qui n'est pas domicilié dans sa circonscription d'action (CE, 6 juillet 1990, *Baptiste*, Rec. p. 210) ;
– l'incompétence temporelle : au moment où l'autorité administrative a pris la décision, elle n'avait pas encore, ou n'avait plus, le pouvoir de le faire. Il peut s'agir, par exemple, d'une décision prise par un préfet alors qu'il n'était pas encore installé dans ses fonctions (CE, 27 avril 1973, *Delle Serre*, *AJDA* 1973, p. 487).

b) Le vice de procédure

Tout acte administratif est soumis au respect de règles de procédure qui imposent parfois des consultations obligatoires ou le respect d'une procédure contradictoire. Par exemple, avant d'infliger une sanction à un agent public, l'administration doit lui permettre de présenter ses observations et de se défendre.

Si ces règles de procédure ne sont pas respectées, la décision est illégale. Cela n'empêche pas l'administration de reprendre par la suite la même décision car ce n'est pas le fond de l'acte qui est contesté, mais elle devra le faire en respectant les règles qui s'imposent.

Toutefois, seuls les vices substantiels sont sanctionnés par le juge administratif. Le Conseil d'État a ainsi considéré que « *si les actes administratifs doivent être pris selon les formes et conformément aux procédures prévues par les lois et règlements, un vice affectant le déroulement d'une procédure administrative préalable, suivie à titre obligatoire ou facultatif, n'est de nature à entacher d'illégalité la décision prise que s'il ressort des pièces du dossier qu'il a été susceptible d'exercer, en l'espèce, une influence sur le sens de la décision prise ou qu'il a privé les intéressés d'une garantie* » (CE, 23 décembre 2011, *Danthony*, *AJDA* 2012, p. 200). Ainsi, le juge établit une distinction fondée sur les effets du vice de procédure afin de ne retenir que les vices les plus importants.

c) Le vice de forme

Le vice de procédure est relatif au processus de formation ou d'élaboration de la décision, alors que le vice de forme concerne sa présentation. Cela vise, par exemple, la signature de l'acte par son auteur.

Par ailleurs, une décision peut être entachée de vice de forme si elle n'est pas motivée. En vertu de la loi n° 79-587 du 11 juillet 1979, certaines décisions doivent être motivées, ce qui signifie que l'administration doit indiquer les raisons justifiant la décision. Cela s'applique, par exemple, aux décisions qui restreignent les libertés publiques, à celles qui infligent une sanction ou refusent une autorisation, ou encore quand l'administration procède au retrait ou à l'abrogation d'une décision créatrice de droits.

En ce qui concerne le contenu même de la motivation, l'article 3 de la loi du 11 juillet 1979 précise qu'elle *« doit être écrite et comporter l'énoncé des considérations de droit et de fait qui constituent le fondement de la décision »*. Cela signifie qu'une motivation trop laconique, ne permettant pas de saisir les raisons ayant incité l'administration à prendre la décision, serait remise en cause par le juge administratif.

Par conséquent, le juge administratif peut sanctionner tant l'absence de motivation que l'insuffisance de celle-ci.

2. Les moyens de légalité interne

On ne s'attache plus ici à la manière dont l'administration a pris la décision, mais à ce qui a été décidé.

a) L'illégalité en raison du contenu de l'acte

C'est ce que l'on qualifie également de violation directe de la loi en doctrine et en jurisprudence : dans ce cas, le contenu de l'acte est en contradiction avec une règle de droit qui lui est supérieure. Ainsi, c'est le non-respect de la hiérarchie des normes qui est ici sanctionné.

Par exemple, un décret peut être illégal en raison de son contenu s'il méconnaît les dispositions d'une loi. Il en est de même si l'administration prend une décision en méconnaissance d'un principe général du droit (CE, 23 avril 1982, *Ville de Toulouse*, *AJDA* 1982, p. 476).

b) L'illégalité en raison des motifs de l'acte

Il s'agit de s'interroger sur la légalité des raisons qui sous-tendent l'adoption d'un acte administratif. Il faut donc analyser les considérations de fait et de droit invoquées à l'appui d'une décision, ce qui renvoie à l'erreur de droit, à l'erreur dans la qualification juridique des faits ou à l'erreur de fait.

L'erreur de droit

L'erreur de droit peut résulter de la mise en œuvre d'une norme inexistante ou inapplicable; le juge considère alors qu'il y a erreur quant à la base légale sur laquelle la décision a été prise. Par exemple, pour refuser un permis de construire, un maire se fonde sur un plan local d'urbanisme qui n'a pas encore été publié et n'est donc pas encore opposable aux particuliers : CE, 7 juillet 1976, *Époux Arnaud*, Rec. p. 1069. Tel est aussi le cas lorsque l'administration se fonde sur un projet de loi *« dont l'aboutissement, le contenu et les conséquences ne pouvaient être tenus pour certains »* à la date où la décision a été prise (CE, 2 février 1987, *Société TV 6*, Rec. p. 29). Cela ne signifie pas que l'autorité administrative n'est pas en mesure de se fonder sur un projet de loi ou de règlement pour adopter une décision, mais il faut qu'à la date de celle-ci, il n'y ait aucun doute quant au contenu et à l'aboutissement du projet.

Une autre hypothèse d'erreur de droit peut découler du rattachement de la décision à une norme légale mais qui a fait l'objet d'une mauvaise interprétation. Dans ce cas, ce n'est pas la légalité de la norme ayant servi de fondement qui est mise en cause, mais l'interprétation que l'administration a retenue. C'est ce qu'illustre une décision du Conseil d'État du 27 juillet 1990 (*Université de Paris-Dauphine*, Rec. p. 238) : le président d'une université avait fait une mauvaise interprétation de la loi du 26 janvier 1984 et s'était cru autorisé à refuser l'inscription d'étudiants, alors que les capacités d'accueil de son université n'étaient pas dépassées.

Il convient de ne pas confondre cette dernière hypothèse d'erreur de droit avec l'illégalité en raison du contenu. En cas de violation directe de la loi, l'administration adopte un acte sans prendre en compte une norme supérieure; or, l'acte s'avère contraire à celle-ci. Dans l'hypothèse de l'erreur de droit, l'administration a pris en compte la norme supérieure, mais elle en a fait une mauvaise interprétation.

L'erreur dans la qualification juridique des faits

Pour qu'un acte administratif soit légal, son auteur doit n'avoir commis aucune erreur sur la qualification juridique des faits qu'il a pris en considération. En d'autres termes, les faits doivent être de nature à justifier juridiquement la décision. Ce contrôle a été inauguré par le Conseil d'État dans le célèbre arrêt *Gomel* du 4 avril 1914 (Rec. p. 488).

Il a ensuite été appliqué à d'autres espèces, notamment dans une décision du 17 avril 1970 (*CFDT*, Rec. p. 263). Le Conseil d'État a eu à statuer sur la légalité d'une décision prise par l'administration visant à considérer que la CFDT était une organisation syndicale représentative, ce qui lui donnait droit à un siège au sein de la Commission supérieure des conventions collectives. Le contrôle de la qualification juridique des faits supposait, en l'espèce, de vérifier que la CFDT était bien une organisation syndicale représentative. Plus précisément, le juge a dû s'assurer que les voix obtenues par la CFDT aux différentes élections professionnelles justifiaient bien la qualification juridique d'organisation syndicale représentative.

Le contrôle de la qualification juridique des faits peut aussi s'appliquer au contentieux de la fonction publique, notamment au contentieux disciplinaire. Dans un arrêt du 13 mars 1953 (*Teissier*, Rec. p. 133), le Conseil d'État a été amené à confirmer la qualification de faute disciplinaire appliquée à un acte commis par un agent public. En l'espèce, il a estimé qu'était bien constitutif d'une faute le fait, pour le directeur du CNRS, d'avoir signé une lettre ouverte injurieuse pour le gouvernement de l'époque. Les faits étant constitutifs d'une faute, ils étaient juridiquement de nature à justifier la décision de sanction prise par le gouvernement.

L'erreur de fait

L'erreur de fait a été consacrée par l'arrêt *Camino* rendu par le CE le 14 janvier 1916 (Rec. p. 15). Pour qu'une décision soit légale, il faut, certes, que les faits en raison desquels la décision a été prise soient de nature à la justifier juridiquement, mais il faut aussi que la matérialité de ces faits soit établie. Cela signifie que le juge doit vérifier leur réalité, c'est-à-dire leur exactitude matérielle. Dans un litige, les faits sont aussi importants que la règle de droit et c'est en fonction de ces derniers qu'est déterminée la règle applicable. Le juge ne peut donc statuer en ignorant les faits qui sont à l'origine d'une décision ; c'est la raison pour laquelle il se livre à un contrôle de l'erreur de fait. Dans l'arrêt *Camino*, était contestée la décision du gouvernement de révoquer un maire au motif qu'il n'aurait pas veillé à la décence d'un convoi funèbre. Le Conseil d'État énonce pour la première fois qu'il lui appartient de vérifier la matérialité des faits ayant justifié la décision. En l'espèce, les faits étant inexacts, le juge a annulé la décision de révocation.

c) L'illégalité en raison du but de l'acte : le détournement de pouvoir

S'il s'avère que l'administration a agi dans un but autre que celui qu'elle devait poursuivre, son acte est entaché de détournement de pouvoir. Ce contrôle porte donc sur l'intention de l'autorité administrative. Le détournement de pouvoir sanctionne, en quelque sorte, la mauvaise foi de l'administration. Il a été utilisé pour la première fois par le Conseil d'État dans une décision du 26 novembre 1875, *Pariset* (Rec. p. 394).

L'administration commet un détournement de pouvoir lorsqu'elle agit en poursuivant des fins privées, étrangères à toute finalité d'intérêt général. À titre d'illustration, on peut se reporter à un arrêt dans lequel le Conseil d'État indique que la décision de créer un emploi dans le seul but de procurer un avantage de carrière à un agent, et non dans celui de satisfaire un besoin, est un cas de détournement de pouvoir (CE, 18 novembre 1998, *Ville de Nice*, Rec. p. 971).

Par ailleurs, l'administration commet un détournement de pouvoir quand elle poursuit un intérêt public autre que celui pour lequel elle pouvait légalement agir. C'est ce que démontre un arrêt du Conseil d'État du 4 juillet 1924, *Beaugé* (Rec. p. 641). Dans cette espèce, le maire de Biarritz avait pris, dans l'exercice de son pouvoir de police, un arrêté interdisant aux baigneurs de se dévêtir et de se rhabiller ailleurs que dans les établissements de bain installés sur la plage. Cette décision n'était pas motivée par la volonté de préserver la morale publique mais par des intérêts financiers puisque ces établissements étaient source de revenus, leur usage étant payant. Le maire a ainsi commis un détournement de pouvoir car il a fait usage de son pouvoir de police non pas pour préserver l'ordre public, mais pour servir l'intérêt financier de la commune ; il a ainsi utilisé ce pouvoir dans un intérêt autre que celui pour lequel il était investi. Cela tend à démontrer que même en agissant dans l'intérêt public, l'autorité administrative peut commettre un détournement de pouvoir.

3. L'intensité variable du contrôle de légalité

1. La distinction entre compétence liée et pouvoir discrétionnaire

a) Énoncé de la distinction

L'administration est en situation de compétence liée lorsque le contenu de la décision qu'elle doit prendre est dicté par un texte. Inversement, elle est placée en situation de pouvoir discrétionnaire quand elle a le pouvoir de choisir entre deux décisions ou deux comportements, c'est-à-dire de fixer le contenu de la décision, dans le respect du principe de légalité.

La décision prise par l'administration dans le cadre de son pouvoir discrétionnaire peut en effet faire l'objet d'un contrôle de légalité. Le pouvoir discrétionnaire n'est pas une limite au principe de légalité, mais il justifie simplement que le juge exerce un contrôle plus restreint que quand l'administration est en situation de compétence liée.

b) Les conséquences de la distinction : contrôle normal et contrôle restreint

Le contrôle que le juge administratif exerce sur la qualification juridique des faits est plus ou moins étendu. Il sera restreint dans l'hypothèse où l'administration a pris une décision en situation de pouvoir discrétionnaire. En revanche, le juge exercera un contrôle normal lorsque la décision a été prise en situation de compétence liée.

Dans le cas d'un contrôle restreint, le juge administratif contrôle l'erreur de droit, l'erreur de fait, le détournement de pouvoir, et il réalise un contrôle restreint sur la qualification juridique des faits, c'est-à-dire qu'il effectue uniquement un contrôle de l'erreur manifeste d'appréciation (CE, 2 novembre 1973, *SA Librairie François Maspero*, Rec. p. 611 ; CE, 6 février 2004, *Association « La raison du plus faible »*, *AJDA* 2004, p. 1096). Le juge effectue alors un contrôle minimum qui vise à sanctionner les seules erreurs grossières, contraires au bon sens.

Toutefois, les hypothèses dans lesquelles le juge administratif exerce un contrôle restreint tendent à reculer. Le contentieux des sanctions, qui faisait auparavant partie des cas de contrôle restreint, se voit désormais appliquer un contrôle normal (CE, 22 juin 2007, *Arfi*, Rec. p. 263 ; CE, 2 mars 2010, *Fédération française d'athlétisme*, Tec. tables p. 925). Depuis 2013, cette solution s'applique également aux sanctions infligées à des agents publics (CE, 13 novembre 2013, *M. Dahan*, *RFDA* 2013, p. 1175).

c) Le contrôle maximum

Il correspond à des cas d'approfondissement du contrôle normal. Dans cette hypothèse, le juge réalise un contrôle exigeant de la qualification juridique des faits, il vérifie que la décision est précisément proportionnée à ces derniers. Ce contrôle est qualifié de maximum car le juge s'interroge non seulement sur la qualification juridique des faits, mais aussi sur leur parfaite adéquation avec la décision. Il est ainsi amené à apprécier l'opportunité de la décision prise et du choix fait par l'administration.

Le contrôle de proportionnalité est illustré par plusieurs jurisprudences parmi lesquelles figure la théorie du bilan coûts-avantages, inaugurée par le CE dans l'arrêt du 28 mai 1971, *Ville nouvelle est* (Rec. p. 409). Dans cette espèce, était en cause la décision du gouvernement de procéder à la construction d'un complexe universitaire aux environs de Lille. Or, la réalisation de ce projet exigeait la démolition, et donc l'expropriation, de plusieurs logements. Pour apprécier la légalité de la décision litigieuse, le juge s'est livré à un contrôle approfondi, analysant les avantages et les inconvénients de l'opération. Il a donc procédé à un examen minutieux du projet, il a vérifié que les atteintes portées par l'administration aux droits des particuliers étaient proportionnées aux finalités d'intérêt général poursuivies. *In fine*, le Conseil d'État a estimé que le bilan était effectivement positif.

2. La théorie des circonstances exceptionnelles

Lorsque ces circonstances sont réunies, le juge administratif estime que l'administration peut ne pas respecter strictement le principe de légalité. Pour cela, il faut qu'il existe une situation anormale et grave, et que l'administration ait été obligée d'agir comme elle l'a fait au regard des circonstances.

Si ces conditions sont réunies, le juge administratif peut alors admettre que le pouvoir réglementaire adopte une mesure qui relève en principe de la loi (CE, 28 juin 1918, *Heyriès*, Rec. p. 651). De même, il a admis qu'en temps de guerre, l'administration puisse prendre des mesures particulières restreignant la liberté d'aller et de venir, au nom de la protection de l'ordre public (CE, 28 février 1919, *Dames Dol et Laurent*, Rec. p. 208).

Dans ces différentes hypothèses, le juge administratif applique moins strictement le principe de légalité, et plus précisément les règles de forme et de procédure. Cependant, il exerce un contrôle vigilant sur les conditions permettant de déterminer que l'on est effectivement en présence de circonstances exceptionnelles (CE, 12 juillet 1969, *Chambre de commerce et d'industrie de Saint-Étienne*, Rec. p. 379).

4. Les pouvoirs du juge

1. Effet rétroactif et modulation dans le temps

Dans le cadre d'un recours pour excès de pouvoir, le juge se borne à confirmer la légalité de l'acte ou à l'annuler. L'annulation produit un effet *erga omnes* et est rétroactive, l'acte étant censé n'avoir jamais existé.

Néanmoins, le juge administratif s'est reconnu la possibilité de moduler dans le temps, c'est-à-dire de différer, les effets d'une annulation contentieuse. Dans la mesure où l'annulation d'un acte entraîne sa disparition rétroactive, il peut être utile, afin de protéger la sécurité juridique et d'éviter un vide juridique temporaire, de repousser dans le temps les effets d'une annulation.

Cette reconnaissance découle d'une importante décision du Conseil d'État du 11 mai 2004, *Association AC!* (Rec. p. 197). Était en cause, dans cette espèce, la légalité d'un agrément du ministre des Affaires sociales définissant les conditions d'indemnisation des chômeurs. Le juge administratif a estimé que cet acte était illégal et qu'il convenait d'en prononcer l'annulation. Pour éviter de créer un vide juridique néfaste aux chômeurs, le Conseil d'État a considéré que l'annulation ne prendrait effet que deux mois plus tard. Cela laissait à l'administration le temps de négocier un nouvel accord avec les partenaires sociaux. Dans cette hypothèse, l'annulation n'était pas rétroactive, elle n'a été prononcée que pour l'avenir, et ce, dans l'intérêt de la sécurité juridique.

2. Les pouvoirs d'injonction et d'astreinte

La loi n° 95-125 du 8 février 1995 a reconnu au juge administratif la possibilité de prononcer une injonction assortie d'une astreinte. Une injonction est un ordre de faire qui est adressé à l'administration. Quant à l'astreinte, il s'agit d'une somme d'argent qu'elle doit payer pour chaque jour de retard dans l'exécution d'une décision de justice.

Dans le cadre d'un recours pour excès de pouvoir, le juge peut, en plus de l'annulation d'un acte, adresser une injonction à l'administration afin de lui indiquer les conséquences de l'annulation. Il lui dicte ainsi l'attitude qu'elle doit adopter. Si le juge annule par exemple une décision visant à prononcer une sanction de mise à la retraite d'office à l'égard d'un agent public, il peut, en plus de cette annulation, prononcer une injonction visant à ordonner à l'administration de réintégrer l'agent.

Par ailleurs, le juge peut assortir cette injonction d'une astreinte : l'administration devra alors s'acquitter d'une somme d'argent si elle n'exécute pas la décision dans les délais impartis par le juge.

3. Des pouvoirs limités

Les pouvoirs du juge sont déterminés par la définition même du recours pour excès de pouvoir, c'est-à-dire par son caractère de recours en annulation. Le juge ne peut qu'annuler l'acte attaqué ou rejeter la requête.

En outre, dans le cadre du recours pour excès de pouvoir, le juge se place au jour où la décision a été prise afin d'apprécier sa légalité : il cherche à déterminer si, au moment où l'administration a pris la décision attaquée, elle a bien respecté le droit. Il ne se place pas au jour du jugement pour examiner la légalité de la décision, contrairement au plein contentieux. Or, entre le moment où l'administration prend une décision et celui où le juge administratif statue, plusieurs mois peuvent s'écouler. Cela signifie que la règle de droit a pu évoluer. Toutefois, dans le cadre d'un recours pour excès de pouvoir, le juge ne peut en tenir compte, il se place au jour où la décision a été adoptée afin d'apprécier sa légalité.

Cela tend à limiter les pouvoirs du juge car il ne peut faire application d'un texte intervenu après l'adoption de la décision et qui serait plus favorable à l'administré que ne l'était le droit antérieur. C'est un véritable inconvénient qui ne se retrouve pas dans le contentieux de pleine juridiction, et qui justifie parfois que certains contentieux passent du contentieux de l'excès de pouvoir au plein contentieux. Ce glissement d'un contentieux à l'autre a été réalisé par le Conseil d'État dans une importante décision du 16 février 2009, *Société ATOM* (Rec. p. 25). Cette décision a été rendue dans le cadre d'une sanction infligée par l'administration à une société qui n'avait pas respecté une disposition du Code général des impôts. La société avait attaqué la décision de sanction par le biais d'un recours pour excès de pouvoir, ce qui signifie que pour statuer sur la légalité de celle-ci, le juge aurait dû se placer au jour où elle a été prise. Or, entre la décision et le jugement, la législation avait évolué et la loi était devenue plus favorable à la société. Afin de pouvoir faire application de cette loi plus douce, le Conseil d'État a décidé de faire passer ce contentieux de l'excès de pouvoir au plein contentieux. En d'autres termes, il a étendu ses pouvoirs dans le cadre du contentieux des sanctions que l'administration inflige aux particuliers car dans le cas du plein contentieux, le juge s'autorise à prendre en compte les évolutions intervenues entre le jour de la décision et le jugement.

Néanmoins, la solution rendue par l'arrêt *ATOM* est pour l'instant circonscrite aux seules sanctions que l'administration inflige à des particuliers ; cela ne s'étend pas aux sanctions prononcées à l'égard des agents de la fonction publique, ni aux sanctions professionnelles, ni aux sanctions disciplinaires. Dans ces hypothèses, le juge s'inscrit toujours dans le contentieux de l'excès de pouvoir, il n'y a pas de glissement vers le plein contentieux.

Retenir l'essentiel

Le contrôle du respect du principe de légalité est assuré par le juge administratif grâce au recours pour excès de pouvoir. Ce recours est ouvert contre tout acte administratif faisant grief, dès lors que le requérant justifie d'un intérêt à agir et respecte les délais de recours. Le juge administratif pourra alors contrôler la légalité externe de l'acte, mais aussi son contenu, c'est-à-dire la légalité interne.

Partie 5
La responsabilité administrative

CHAPITRE 1

Les contours du droit de la responsabilité administrative

Tout système de responsabilité repose sur des objectifs similaires : sanctionner, réparer et prévenir. L'essor de la responsabilité administrative répond à ces trois objectifs, avec toutefois une évolution fondamentale dans sa philosophie. Si, à l'origine, l'accent était mis sur la personne publique auteur du dommage, sur les contraintes qu'elle devait supporter, le juge administratif tend peu à peu à centrer son raisonnement sur le dommage subi par la victime et sur la « vulnérabilité » de cette dernière. Une telle évolution n'est pas surprenante, tant la responsabilité correspond à une « certaine vision » des rapports sociaux.

Ce faisant, les règles qui entourent le régime juridique de la responsabilité ont profondément évolué en l'espace d'un siècle. Désormais, pour reprendre en partie l'intitulé d'un rapport du Conseil d'État de 2005, la responsabilité s'inscrit dans une logique de *« socialisation du risque »*.

Section I
L'historique

La responsabilité des personnes publiques en France s'est imposée progressivement à la fin du XIXe siècle, suggérant ainsi que la puissance publique, dans son action, peut causer des dommages aux particuliers. À l'époque, il s'agit d'une véritable révolution car la puissance publique était considérée jusqu'alors comme irresponsable, dans le prolongement de la logique de l'Ancien Régime, selon laquelle « *le roi ne peut mal faire* ». Cette logique a survécu durant une longue partie du XIXe siècle, avec l'idée que finalement « *le propre de la souveraineté est de s'imposer à tous sans qu'on puisse réclamer d'elle aucune compensation* » (É. Laferrière). En outre, selon l'article 75 de la Constitution de l'an VIII, « *les agents du gouvernement [...] ne peuvent être poursuivis pour des faits relatifs à leurs fonctions qu'en vertu d'une décision du Conseil d'État* ». La règle non écrite en vigueur consistait donc à refuser l'engagement de cette responsabilité ; seuls quelques textes dérogeaient à cette règle, telle la loi du 28 pluviôse an VIII en matière de dommages de travaux publics.

Cependant, l'essor de l'intervention des personnes publiques dans des domaines toujours plus variés, ne relevant pas forcément de la sphère des activités régaliennes, a incité le juge administratif à engager une évolution en profondeur. La décision *Blanco* du 8 février 1873 du Tribunal des conflits remplace clairement l'irresponsabilité par la responsabilité, en déclarant néanmoins que celle-ci « *ne peut être régie par les principes qui sont établis dans le Code civil pour les rapports de particulier à particulier, [qu'elle] n'est ni générale, ni absolue* » et « *qu'elle a ses règles spéciales qui varient suivant les besoins du service et la nécessité de concilier les droits de l'État avec les droits privés* ». Ainsi, la naissance de la responsabilité de l'administration implique la création par le juge administratif de règles spécifiques donnant naissance, dans le même temps, au droit administratif.

À cette formule traditionnelle a succédé une formulation plus récente, posée par le Tribunal des conflits dans son arrêt du 15 novembre 1999 (*Comité d'expansion de la Dordogne*, Rec. p. 479) et selon laquelle « *la responsabilité qui peut incomber à l'État ou aux autres personnes morales de droit public en raison des dommages imputés à leurs services publics administratifs est soumise à un régime de droit public ; qu'il n'en va autrement que si la loi, par une disposition expresse, a dérogé à ce principe* ».

Section 2
Le champ d'application

La responsabilité administrative ne concerne, par définition, que des dommages encourus ou causés par l'administration lors d'une mission de service public. À l'inverse, lorsque la personne publique se comporte comme une personne privée agissant dans une logique de gestion privée, sa responsabilité se trouve engagée devant le juge judiciaire et les règles du droit privé s'appliquent. Inversement, à partir du moment où une personne privée gère un service public tout en disposant de prérogatives de puissance publique, sa responsabilité relève du juge administratif (CE, 12 juin 1987, *Preyval*, Rec. p. 210).

Si, avec la décision *Blanco* de 1873, la responsabilité engagée était celle de l'État, progressivement toutes les personnes publiques ont été concernées (voir, pour une commune, l'arrêt du TC du 11 avril 1908, *De Fonscolombe*, Rec. p. 448; et pour un établissement public, l'arrêt du TC du 23 mai 1908, *Joullié*, Rec. p. 509).

Toutes les fonctions de l'État – exécutive, parlementaire et judiciaire – sont désormais susceptibles de voir leur responsabilité engagée.

1. La responsabilité du fait de la fonction exécutive

Si la fonction exécutive se trouve soumise, dans son principe, à l'engagement de sa responsabilité, certaines activités y échappent cependant. Ainsi en est-il des actes de gouvernement, c'est-à-dire des actes concernant les rapports du gouvernement avec le Parlement, avec un État étranger ou une organisation internationale. Toutefois, cette zone d'irresponsabilité se réduit progressivement avec en particulier la théorie des actes détachables, c'est-à-dire relatifs à un acte de gouvernement (CE, Ass., 15 octobre 1993, *Royaume-Uni*, Rec. p. 267), qui peuvent causer un dommage. Le juge administratif a considéré que le refus d'extradition est détachable de la conduite des relations diplomatiques et se trouve ainsi soumis à son contrôle (CE, 14 décembre 1994, *Gouvernement suisse,* Rec. p. 549).

Par ailleurs, le juge a considéré que la responsabilité de l'État pouvait être engagée pour des dommages anormaux et spéciaux créés par les conventions internationales sur le fondement du principe d'égalité devant les charges publiques (CE, 30 mars 1966, *Compagnie générale d'énergie radioélectrique*, Rec. p. 257).

2. La responsabilité du fait de la fonction législative

L'engagement de la responsabilité concernant la fonction législative peut s'effectuer à plusieurs titres. De façon générale, une loi n'étant pas une activité administrative, elle ne peut causer de dommages engageant la responsabilité administrative. Toutefois, en présence d'un dommage anormal et spécial, le juge administratif a retenu dès 1938 la responsabilité administrative (CE, 14 janvier 1938, *Société anonyme des produits laitiers La Fleurette*, Rec. p. 25). Au-delà de cette considération, les services des assemblées parlementaires peuvent aussi occasionner des dommages. C'est précisément pour répondre à cette hypothèse que la loi organique du 17 novembre 1958 a considéré, que dans ce cas, la responsabilité de l'État pouvait être engagée devant le juge administratif.

3. La responsabilité du fait du pouvoir judiciaire

Les dommages causés par l'activité juridictionnelle judiciaire sont, dans certaines hypothèses, susceptibles d'engager la responsabilité de l'État. L'article 11 de la loi du 5 juillet 1972 instituant un juge de l'exécution et relative à la réforme de la procédure civile dispose, à cet effet, que *« l'État est tenu de réparer le dommage causé par le fonctionnement défectueux du service de la justice »*. Bien sûr, la juridiction administrative est également susceptible de créer un dommage et, donc, de voir sa responsabilité engagée. Il en est ainsi lorsque son fonctionnement crée un dommage (TC, 27 novembre 1952, *Officiers ministériels de Cayenne*, Rec. p. 642). Notons enfin que les services pénitentiaires peuvent aussi causer des dommages et voir leur responsabilité engagée.

Retenir l'essentiel

Depuis la décision *Blanco* de 1873, le droit administratif a connu de spectaculaires développements, en matière de droit de la responsabilité particulièrement. Désormais, toutes les personnes publiques sont responsables de leurs actes. La fonction législative et la fonction judiciaire peuvent également voir leur responsabilité engagée.

Chapitre 2

Les régimes de responsabilité

L'engagement de la responsabilité administrative repose, comme tout système de responsabilité, sur un fait générateur, un dommage et un lien de causalité entre ces deux éléments. Cependant, le droit de la responsabilité administrative s'est davantage structuré autour de l'existence ou non d'une faute pour engager cette responsabilité. En effet, dès 1895, dans son arrêt *Cames* (21 juin 1895, Rec. p. 509), le juge administratif reconnaît que la responsabilité de l'État peut être engagée en l'absence de faute. Une telle solution, qui facilite considérablement l'engagement de la responsabilité, structure le régime de cette dernière.

Malgré tout, la plupart des régimes de responsabilité restent fondés sur la faute. Comme le rappelle le rapport du Conseil d'État de 2005, intitulé « Responsabilité et socialisation du risque », *« la faute reste au cœur du régime de responsabilité de la puissance publique à l'égard des administrés, qu'il s'agisse de tirer les conséquences de l'action fautive des pouvoirs publics ou de leur carence fautive »*.

Toutefois, de nombreuses hypothèses de responsabilité sans faute se développent aussi. Mais le régime prédominant doit rester fondé sur la faute, au risque de voir apparaître une forme de déresponsabilisation de l'administration. L'État ne peut pas être conçu comme un assureur contre tous les risques dénaturant sa place et ses fonctions.

Par conséquent, l'étude des régimes de responsabilité abordera d'abord le régime fondé sur la faute (section 1) puis celui – dit « sans faute » – caractérisé par l'absence de faute à prouver (section 2). Il conviendra ensuite d'étudier deux autres évolutions : d'une part, l'intervention du législateur créant de nombreux régimes spéciaux de responsabilité (section 3) ; d'autre part, l'affirmation de la personne humaine comme « déclencheur » de la responsabilité administrative (section 4).

Section 1
La responsabilité pour faute

En posant l'engagement de la responsabilité pour faute, le juge administratif a été rapidement confronté à la difficulté de distinguer la faute relevant de l'agent de celle qui est liée au service lui-même, indépendamment de l'action de l'agent. Ainsi est née la distinction entre la faute personnelle et la faute de service (1.). Ce faisant, une telle distinction implique nécessairement des hypothèses de cumul de responsabilités afin de faciliter l'indemnisation de la victime (2.). Une autre évolution affecte la responsabilité administrative pour faute : elle concerne le degré de faute exigé pour engager la responsabilité. En effet, toute faute n'est pas de nature à engager la responsabilité de l'administration. À cet égard, le juge administratif a forgé des degrés au sein de la faute et a allégé le degré de la faute requis désormais pour engager la responsabilité de l'administration (3.).

1. Distinction faute personnelle/faute de service

1. La notion de faute

Traditionnellement, on considère que la faute est *« un manquement à une obligation préexistante »*, pour reprendre la formule du civiliste Planiol. Une fois cette définition posée, il faut s'interroger sur le contenu de l'obligation car il ne s'agit pas seulement du manquement à une obligation législative ou réglementaire. En effet, dès lors que le service n'a pas fonctionné comme il l'aurait dû, on peut estimer qu'il y a une faute. En outre, il convient de distinguer illégalité et faute : si toute illégalité est fautive, toute faute ne constitue pas une illégalité. Ainsi, la maladresse ou le mauvais fonctionnement d'un service est une faute mais pas forcément une illégalité.

2. La distinction faute personnelle/faute de service

L'arrêt *Pelletier* du 30 juillet 1873 du Tribunal des conflits est à l'origine de la distinction entre faute personnelle et faute de service. Dans le premier cas, la responsabilité engagée est celle de l'agent, alors que dans le second, il s'agit de celle de l'administration.

La faute personnelle peut être définie de façon subjective mais aussi objective. La première hypothèse regroupe les fautes qui révèlent *« l'homme avec ses faiblesses, ses passions, ses imprudences »* (conclusions de Laferrière sur l'affaire *Laumonnier-Carriol* – TC, 5 mai 1877, Rec. p. 437). Cependant, il existe aussi des fautes plus objectives, c'est-à-dire indépendantes de l'intention de l'auteur de la faute, lorsque celle-ci présente une certaine gravité ou n'a aucun rapport avec les fonctions exercées.

C'est par exemple le cas d'un instituteur qui tient devant ses élèves des propos diffamatoires, blasphématoires et obscènes (TC, 2 juin 1908, *Girodet c/ Morizot*, Rec. p. 597, concl. Tardieu) ou encore d'un officier qui, commandant une corvée, jette sa cigarette allumée sur un terrain broussailleux et provoque un incendie de forêt (CE, 19 juin 1946, *Époux Bellemer*, Rec. p. 171). Enfin, notons que dans tous les cas, il y a indépendance entre la faute personnelle et l'infraction pénale (voir TC, 14 janvier 1935, *Thépaz*, pour un homicide par imprudence).

À l'inverse, il y a faute de service dès lors qu'il n'y a pas faute personnelle. La faute de service se révèle donc dès que la responsabilité de l'administration est engagée pour faute et qu'il n'y a pas de faute personnelle. On peut également considérer qu'il y a faute de service lorsque celle-ci a été réalisée pendant le service, avec les moyens du service et en dehors de tout intérêt personnel.

2. Le cumul de responsabilités

Le juge administratif, dans le souci de favoriser l'indemnisation des victimes, a développé des dispositifs permettant de cumuler l'engagement de la responsabilité de l'agent et celle de l'administration. Deux hypothèses ont été élaborées au fil du temps : celle du cumul de fautes (1) et celle de la faute personnelle non dépourvue de tout lien avec le service (2). Enfin, il convient d'étudier les conséquences juridiques d'un cumul de responsabilités (3).

1. Le cumul de fautes

Dans certains cas, le dommage est le produit de deux fautes, une personnelle et une de service. Cette hypothèse a été forgée par l'arrêt du Conseil d'État du 3 février 1911, *Anguet* (Rec. p. 146). Dans cette affaire, un usager de la Poste se trouvant dans un bureau de poste a été confronté à la fermeture de la porte avant l'heure réglementaire. Or, alors même que le sieur Anguet était à l'intérieur dudit bureau et qu'il n'avait pas terminé ses opérations au guichet, deux agents ont procédé à *« sa brutale expulsion »*, lui cassant ainsi une jambe.

Le juge administratif a déclaré que *« l'accident dont le requérant a été victime [...] doit être attribué, quelle que soit la responsabilité personnelle encourue par les agents, auteurs de l'expulsion, au mauvais fonctionnement du service public »*. Ce faisant, le juge a relevé l'existence de deux fautes, une personnelle et une de service. Cette hypothèse sera approfondie avec le cas de la faute personnelle commise à l'occasion du service.

2. La faute personnelle à l'occasion du service

Une autre étape a été franchie avec la décision du Conseil d'État du 26 juillet 1918, *Époux Lemonnier* (Rec. p. 761). Dans cette affaire, à l'occasion d'une fête locale dans un petit village, Roquecourbe, la dame Lemonnier est atteinte d'une balle provenant d'un tir installé sur la rive opposée avec buts flottants sur la rivière, alors qu'elle suivait la promenade qui longe la rive gauche d'une rivière. L'autorité municipale chargée de veiller à la sécurité des voies publiques (pouvoir de police) a commis une faute lourde en autorisant l'établissement de ce tir sans s'être assurée au préalable que les conditions de l'installation et l'emplacement offraient des garanties suffisantes pour cette sécurité. Selon le juge administratif, *« la circonstance que l'accident éprouvé serait la conséquence d'une faute d'un agent administratif préposé à l'exécution du service public, laquelle aurait le caractère d'un fait personnel de nature à entraîner la condamnation de cet agent par les tribunaux de l'ordre judiciaire à des dommages-intérêts, et que même cette condamnation aurait été effectivement prononcée, ne saurait avoir pour conséquence de priver la victime de l'accident du droit de poursuivre directement, contre la personne publique qui a la gestion du service incriminé, la réparation du préjudice souffert »*.

Le juge administratif estime ainsi que la faute personnelle non dépourvue de lien avec le service entraîne la possibilité pour la victime d'engager la responsabilité soit de l'agent, soit de l'administration. Il convient dès lors de définir les hypothèses dans lesquelles le service a permis la réalisation de la faute. À la lumière de la jurisprudence, il semble que le lien puisse être soit temporel, soit instrumental.

Selon le lien temporel, toute faute commise par un agent pendant le temps du service est présumée en quelque sorte déterminée ou permise par le service, et sera considérée comme non détachable de celui-ci. Par exemple, n'est pas détachable du service, et entraîne la responsabilité de ce dernier, la faute commise par un gardien du Muséum qui, allant prendre livraison de chimpanzés destinés à cet établissement public, laisse échapper les animaux, dont l'un mord *« cruellement »* un passant (CE, 11 mars 1938, *Corbière*, Rec. p. 226).

Le second lien possible est dit instrumental, c'est l'exemple de l'affaire *Époux Lemonnier*. Le service a été le moyen, l'instrument de l'accomplissement de la faute par l'agent, et cela concerne évidemment des fautes commises en dehors des lieux du service et, éventuellement, du temps du service. Trois affaires, rendues le même jour par le Conseil d'État, ont permis au juge de franchir cette nouvelle étape : CE, 18 novembre 1949, *Defaux, Bethelsemer, Demoiselle Mimeur* (Rec. p. 492, 493 et 494).

Il s'agissait, dans les trois cas, d'accidents causés par des fonctionnaires en dehors de leur service et commis par des automobiles de l'administration qu'ils utilisaient pour leurs besoins personnels. La différence avec *Époux Lemonnier* est que l'on ne pouvait guère présumer la faute de service. Le Conseil d'État a néanmoins considéré que *« l'accident litigieux survenu du fait d'un véhicule qui avait été confié à son conducteur pour l'exécution d'un service public ne saurait, dans les circonstances de l'affaire, être regardé comme dépourvu de tout lien avec le service »*.

3. Les conséquences juridiques

La situation de cumul a des conséquences particulières tant pour la victime que pour l'agent et son administration.

En cas de cumul de responsabilités, la victime dispose d'un droit d'option : elle peut soit attaquer l'agent devant les juridictions judiciaires en raison de la faute personnelle qu'il a commise, soit attaquer l'administration devant les juridictions administratives en raison du lien existant entre la faute commise par l'agent et le service.

Toutefois, il est préférable pour la victime de saisir le juge administratif, qui peut condamner l'administration car celle-ci est toujours solvable, contrairement à un particulier. En outre, le juge administratif se prononcera à la fois sur la faute personnelle et la faute de service. Cependant, il est vrai que le juge judiciaire se prononce plus rapidement que le juge administratif, et le montant des indemnités accordé est souvent plus élevé devant le juge judiciaire que devant le juge administratif.

En ce qui concerne l'administration et son agent, s'il y a deux fautes matérielles distinctes, la responsabilité est partagée suivant l'importance respective des fautes. En cas de faute unique ou si la faute de service est provoquée par l'agent, l'administration se retournera contre celui-ci pour le tout. En cas de pluralité d'auteurs, chacun n'est responsable que pour la part correspondant à sa participation (CE, 22 mars 1957, *Jeannier*, Rec. p. 196).

Le fonctionnaire peut éventuellement se retourner contre l'administration. S'il est condamné pour faute personnelle alors qu'il y a aussi faute de service, il peut exercer une action récursoire contre son administration (CE, 28 juillet 1951, *Delville*, Rec. p. 464), et le partage de responsabilité est possible devant le juge administratif. Toutefois, il ne peut se retourner contre l'administration s'il n'y a pas de faute de service (CE, 4 juillet 1990, *Le Sou médical*, Rec. p. 292). Par ailleurs, dans l'hypothèse où le fonctionnaire est condamné pour faute personnelle par les tribunaux judiciaires alors qu'il s'agit en réalité d'une faute de service et que le conflit n'est pas élevé, l'agent a le droit d'être remboursé par l'administration (article 11 de la loi du 13 juillet 1983). Une hypothèse inverse peut également se présenter, lorsque l'administration a indemnisé la victime en présence d'un cumul de fautes. Dans ce cas, elle pourra exercer une action récursoire contre son agent (CE, Ass., 28 juillet 1951, *Laruelle*, Rec. p. 464).

3. Les degrés de la faute

Dès les premiers arrêts succédant à la décision *Blanco*, le juge administratif a considéré que toute faute n'était pas de nature à engager la responsabilité administrative. En effet, des services administratifs présentant une certaine difficulté impliquent la présence d'une faute particulièrement grave, dite faute lourde, pour enclencher la responsabilité. Ainsi, dans son arrêt du 10 février 1905, *Tomaso Grecco* (Rec. p. 139), le Conseil d'État abandonne le principe de l'irresponsabilité des services de police, mais il exige la présence d'une faute lourde. À l'inverse, dans le cas de services administratifs ne présentant aucune difficulté particulière, une faute simple suffit à engager la responsabilité. Depuis une trentaine d'années, une tendance de fond irrigue la jurisprudence administrative : le déclin de la faute lourde au profit de la faute simple. Désormais, l'activité médicale (CE, 10 avril 1992, *Époux V.*, Rec. p. 171), les activités de sauvetage en mer (CE, 13 mars 1998, *Améon et autres*, Rec. p. 82) ou encore les dommages causés par les services fiscaux (CE, 27 juillet 1990, *Bourgeois*, Rec. p. 242) nécessitent une faute simple et non plus une faute lourde pour voir leur responsabilité engagée.

La loi du 4 mars 2002 sur les droits des malades et la qualité du système de santé a introduit une nouvelle catégorie, la faute caractérisée. Celle-ci n'étant pas définie par le législateur, on peut estimer qu'elle désigne une faute plus grave que la faute simple mais moins importante que la faute lourde.

Section 2
La responsabilité sans faute

Si la responsabilité sans faute constitue un régime exceptionnel, ne serait-ce que parce qu'elle n'existe pas dans tous les pays et du fait des conséquences qu'elle fait peser sur les personnes juridiques, elle tend néanmoins à s'étendre.

Ce régime exceptionnel de responsabilité est apparu quelques années après la décision *Blanco*, avec l'arrêt *Cames* (CE, 21 juin 1895, déjà cité) à propos d'un accident; cette décision se fondait sur le risque lié à l'exercice d'une activité professionnelle dangereuse. Ce type de responsabilité illustre la volonté de l'État de lutter contre certaines conséquences liées à la vie en société. Dans ce cas, la responsabilité administrative peut être engagée même en l'absence de faute de l'administration, ce qui ne signifie cependant pas qu'il n'y a pas eu de faute. En réalité, il n'y a pas de faute à prouver pour la victime.

Deux fondements ont été progressivement utilisés par le juge administratif : le risque (1.) et la rupture du principe d'égalité devant les charges publiques (2.). Un nouveau fondement semble même s'affirmer timidement dans la jurisprudence : la garde (3.).

I. Le risque

Tous les risques liés à la vie en société n'entraînent pas le régime de la responsabilité sans faute. Le risque doit être anormal. Aussi convient-il de lister les hypothèses décelées par la jurisprudence.

1. En matière de travaux publics et d'ouvrages dangereux

Les tiers victimes de dommages accidentels causés par la présence d'un ouvrage ou de travaux publics peuvent engager ce type de responsabilité. Seule la faute de la victime ou la force majeure sont susceptibles d'atténuer ou de faire disparaître la responsabilité (CE, 7 novembre 1952, *Grau*, Rec. p. 503). Par ailleurs, la qualification de tiers revêt une certaine importance. En effet, si le dommage est causé à un usager et non à un tiers, la responsabilité implique cette fois la démonstration d'une faute.

À l'inverse, lorsque l'accident est dû à un ouvrage dangereux, la jurisprudence reconnaît la responsabilité sans faute, même si la victime est un usager (CE, Ass., 6 juillet 1973, *Ministre de l'Équipement et du Logement c/ Dalleau*, Rec. p. 482). Ainsi, un pylône électrique ou certaines voies publiques situées au pied d'une falaise très élevée, fissurée et exposée ont été considérés comme des ouvrages dangereux.

2. Choses, méthodes et situations dangereuses

Cette hypothèse a été inaugurée par l'arrêt *Regnault-Desroziers* du Conseil d'État du 28 mars 1919 (Rec. p. 49) à propos de l'explosion d'un dépôt de grenades engageant la responsabilité en dehors de toute faute. Cette catégorie a été étendue à l'utilisation d'armes dangereuses par la police (CE, 24 juin 1949, *Consorts Lecomte et Franquette et Daramy*, Rec. p. 307). Toutefois, la notion d'armes dangereuses semble limitée aux armes à feu et cette catégorie ne s'applique qu'aux personnes étrangères à l'opération de police, c'est-à-dire aux tiers. Les usagers doivent simplement démontrer l'existence d'une faute simple (CE, 27 juillet 1951, *Dame Aubergé et Dumont*, Rec. p. 447).

La jurisprudence a élargi cette notion d'armes dangereuses aux armes automatiques mais les grenades lacrymogènes et les matraques en ont été exclues.

La jurisprudence administrative a aussi mis en place un système de responsabilité sans faute pour les situations dangereuses. Cette hypothèse a été dégagée à propos des dommages causés par des mineurs délinquants qui s'étaient évadés d'une maison d'éducation surveillée employant des méthodes nouvelles de rééducation (CE, 3 février 1956, *Ministère de la Justice c/ Thouzellier*, Rec. p. 49) ou qui avaient été confiés à une institution privée de rééducation (CE, 19 décembre 1969, *Établissements Delannoy*, Rec. p. 595). Cette catégorie a également été étendue aux dommages causés par des détenus bénéficiant de permissions de sortie (CE, 2 décembre 1981, *Garde des sceaux c/ Theys*, Rec. p. 456) ou de mesures de libération conditionnelle et de semi-liberté (CE, 29 avril 1987, *Garde des sceaux c/ Banque populaire de la région économique de Strasbourg*, D 1985, IR, p. 333).

En matière d'activité médicale, plusieurs hypothèses de responsabilité sans faute ont été créées. Dès 1990, la responsabilité sans faute de l'hôpital, en cas d'emploi sans raison vitale d'une thérapie aux conséquences mal connues, a été admise (CAA Lyon, 21 décembre 1990, *Consorts Gomez*, Rec. p. 498, *D.* 1991, somm. 292, obs. P. Bon et Ph. Terneyre). Cette jurisprudence sera généralisée en 1993 avec l'affaire *Bianchi*, lors de la survenance d'*« un risque dont l'existence est connue mais dont la réalisation est exceptionnelle »* (CE, Ass., 9 avril 1993, *Bianchi*, Rec. p. 126, M. Daël). Lorsque l'acte médical envisagé, même accompli conformément aux règles de l'art, comporte des risques connus de décès ou d'invalidité, le patient doit en être informé dans des conditions qui permettent d'établir un consentement éclairé. Lorsque l'établissement n'apporte pas la preuve d'une telle information, qui lui incombe, le patient est fondé à demander réparation de la perte de chance de se soustraire au risque qui s'est finalement réalisé. Par ailleurs, la responsabilité sans faute s'applique même si l'intervention chirurgicale est dépourvue de fin thérapeutique (CE, Sect., 3 novembre 1997, *Hôpital Joseph Imbert d'Arles*, Rec. p. 412).

La responsabilité pour risque est également retenue à la suite du décès d'une malade ayant subi une opération de réimplantation hépato-biliaire droite. S'agissant d'une thérapie nouvelle dont les conséquences n'étaient pas entièrement connues, les complications exceptionnelles et anormalement graves subies par la victime engagent, même en l'absence de faute, la responsabilité du service public hospitalier (CAA Bordeaux, 14 décembre 1998, *Centre hospitalier général de Montauban*).

D'autres situations médicales ont aussi donné lieu à la reconnaissance d'une responsabilité sans faute. Ainsi, concernant la contamination du sang par le VIH, le Conseil d'État, par deux arrêts du 26 mai 1995, admet la responsabilité sans faute des centres de transfusion sanguine en ces termes : « *Eu égard tant à la mission qui leur est confiée [...] par la loi qu'aux risques que présente la fourniture de produits sanguins, les centres de transfusion sont responsables, même en l'absence de faute, des conséquences dommageables de la mauvaise qualité des produits fournis* » (CE, Ass., 26 mai 1995, *N'Guyen Jouan et Pavan*, Rec. p. 221).

En matière de situation dangereuse, la responsabilité sans faute est aussi retenue pour réparer le préjudice subi par une institutrice en état de grossesse, exposée à une épidémie de rubéole qui sévissait alors dans l'établissement (CE, 6 novembre 1968, *Dame Saulze*, Rec. p. 550).

Doit également être indemnisé, même en l'absence de faute, le mari d'une infirmière contaminé par le virus du sida, qu'elle avait contracté dans l'exercice de ses fonctions (TA Paris, 20 décembre 1990, *Époux B.*, Rec. p. 514).

3. Dommages causés aux agents publics et aux collaborateurs occasionnels

En application de l'arrêt *Cames* du 21 juin 1895, les personnes qui apportent occasionnellement leur concours à l'exécution d'un service public bénéficient du régime de la responsabilité sans faute.

Cette responsabilité sans faute n'a tout d'abord été accordée qu'aux requis, c'est-à-dire aux personnes obligées d'apporter leur concours au service public. Par la suite, elle s'est appliquée aux particuliers blessés en luttant contre des incendies.

2. La responsabilité fondée sur l'égalité des citoyens devant les charges publiques

L'anormalité d'une situation peut entraîner des charges plus importantes pour certaines personnes, et ainsi ouvrir droit à réparation en dehors de toute faute de l'administration. Plus précisément, dans certains cas, le juge considère que la puissance publique peut légalement faire supporter, au nom de l'intérêt général, des charges particulières à certains membres de la collectivité. Toutefois, l'existence d'un principe d'égalité, qui puise sa source dans la Déclaration des droits de l'homme et du citoyen (DDHC), implique qu'une compensation soit accordée.

Si la responsabilité sans faute de l'administration pour rupture de l'égalité a été décelée dès l'arrêt du 30 novembre 1923, *Couitéas* (Rec. p. 789), en présence d'un défaut du concours de la force publique pour assurer l'exécution d'une décision de justice (1), elle a été progressivement étendue aux lois et traités internationaux (2) et même aux actes administratifs réguliers (3).

1. Le refus de concours de la force publique pour assurer l'exécution d'une décision de justice

Au cours des années 1920, le sieur *Couitéas* a été reconnu propriétaire en Tunisie d'un domaine de 38000 hectares. Compte tenu de ce jugement, le gouvernement français devait faire expulser les occupants. Or celui-ci a refusé le concours de la force militaire en raison des troubles graves qu'aurait provoqués l'expulsion de 8000 autochtones de terres dont ils s'estimaient les occupants légitimes depuis un temps immémorial. C'est à partir de cette première hypothèse qu'a été créée la responsabilité sans faute pour rupture de l'égalité devant les charges publiques.

2. La responsabilité du fait des lois et traités

Par un arrêt du 14 janvier 1938 (*Société anonyme des produits laitiers La Fleurette*, déjà cité), le juge administratif a admis l'engagement de la responsabilité de l'État du fait de l'adoption d'une loi, quelle que soit sa constitutionnalité ou sa conventionnalité. Il suffit qu'elle crée un préjudice anormal et spécial et que le législateur n'ait pas exclu expressément l'indemnisation. Cette hypothèse a été étendue aux conventions internationales (CE, 30 mars 1966, *Compagnie générale d'énergie radioélectrique*, cité plus haut). La situation s'est toutefois singulièrement complexifiée à la lumière de l'arrêt du Conseil d'État du 8 février 2007, *Gardedieu*, reflétant les conséquences juridiques de l'imbrication de l'ordre juridique français au sein de l'ordre juridique communautaire. En effet, depuis son arrêt du 19 novembre 1991, *Francovich c/ République italienne* (aff. C-6/90), la CJUE estime que la méconnaissance par un État membre d'une norme communautaire doit entraîner réparation par cet État des préjudices qui en résultent. Le fait que cette méconnaissance trouve son origine dans la loi s'avère sans incidence sur la portée de l'obligation pesant sur l'État (CJUE, 5 mars 1996, *Brasserie du pêcheur*, aff. C-46/93). Aussi le Conseil d'État a-t-il été amené à considérer que la responsabilité de l'État « *en raison des obligations qui sont les siennes pour assurer le respect des conventions internationales par les autorités publiques, pour réparer l'ensemble des préjudices qui résultent de l'intervention d'une loi adoptée en méconnaissance des engagements internationaux de la France* » pouvait être engagée. Reste que le fondement de la distinction entre la faute et l'absence de faute demeure incertain.

3. La responsabilité du fait des décisions administratives légales

De nombreuses hypothèses de décisions administratives légales peuvent entraîner la responsabilité de l'État. Ainsi, un règlement légal qui prive un magasin de clientèle entraîne la responsabilité si le préjudice s'avère spécial et anormal (CE, 22 février 1963, *Commune de Gavarnie*, Rec. p. 113). Il en est de même du refus d'un préfet de saisir les tribunaux judiciaires afin de faire sanctionner l'implantation de constructions illégales (CE, 20 mars 1974, *Ministre de l'Aménagement du territoire c/ Navarra*, Rec. p. 200).

3. La garde

La jurisprudence récente fonde la responsabilité des collectivités chargées de l'éducation surveillée des mineurs sur la garde. En application des principes dont s'inspire l'article 1384 alinéa 1er du Code civil, la responsabilité fondée sur la garde est admise par une décision du Conseil d'État du 11 février 2005, *GIE Axa Courtage* (Rec. p. 45).

Le Conseil d'État a jugé que la décision du juge des enfants plaçant un enfant au titre de l'assistance éducative « *transfère à la personne qui en est chargée la responsabilité d'organiser, diriger et contrôler la vie du mineur; qu'en raison des pouvoirs dont l'État se trouve ainsi investi lorsque le mineur a été confié à un service ou établissement qui relève de son autorité, sa responsabilité est engagée, même sans faute, pour les dommages causés aux tiers par ce mineur; que cette responsabilité n'est susceptible d'être atténuée ou supprimée que dans le cas où elle est imputable à un cas de faute majeure ou à une faute de la victime* ».

Ce fondement a été de nouveau utilisé par le juge administratif dans un arrêt du 13 novembre 2009, *Ministère de la Justice c/ Association tutélaire des inadaptés* (*JCP A* 2010, 2003).

Section 3
Les régimes législatifs de responsabilité

L'intervention du législateur pour créer des régimes de responsabilité ne cesse de s'accroître et concerne des hypothèses toujours plus diverses. Toutefois, ils diffèrent tous les uns des autres ; chacun possède ses propres spécificités, et la responsabilité est fondée soit sur la faute, soit sur l'absence de faute à prouver (responsabilité sans faute).

Ont ainsi été posés par le législateur un régime de responsabilité relatifs aux dommages causés par les attroupements et rassemblements (loi du 7 janvier 1983) et un autre concernant les dommages de guerre (loi du 17 avril 1919 pour la Première Guerre mondiale et loi du 28 octobre 1946 pour la Seconde). Le législateur a également prévu une indemnisation des victimes d'actes de terrorisme (loi du 9 septembre 1986).

Plusieurs dispositifs retiennent plus précisément l'attention ; ainsi en est-il de l'indemnisation des dommages causés aux élèves ou par ces derniers (1.), de la responsabilité du fait des accidents causés par un véhicule (2.) ou encore des dispositifs prévus dans le domaine médical (3.).

1. Les dommages causés aux élèves ou par les élèves

Cette responsabilité a été créée précocement par le législateur avec une première loi de 1889, complétée par une seconde du 5 avril 1937. Selon cette loi, « *dans tous les cas où la responsabilité des membres de l'enseignement public est engagée à la suite ou à l'occasion d'un fait dommageable commis soit par les enfants ou jeunes gens qui leur sont confiés en raison de leurs fonctions, soit à ces enfants ou jeunes gens dans les mêmes conditions, la responsabilité de l'État sera substituée à celle desdits membres de l'enseignement, qui ne pourront jamais être mis en cause devant les tribunaux civils par la victime ou ses représentants* » (article 2).

Ce régime législatif concerne l'enseignement public et privé sous contrat mais pas l'enseignement privé, qui, lui, obéit aux règles classiques du droit privé. Notons également que l'État peut exercer une action récursoire.

2. La responsabilité du fait des accidents causés par un véhicule

La loi du 31 décembre 1957 a institué un régime de responsabilité du fait des accidents causés par un véhicule. Ainsi, le juge judiciaire est seul compétent pour « *statuer sur toute action en responsabilité tendant à la réparation des dommages de toute nature causés par un véhicule quelconque* » (article 1er). La jurisprudence a d'ailleurs donné une définition très large de la notion de véhicule, un bulldozer ayant été considéré comme tel.

3. Dans le domaine médical

Des hypothèses diverses irriguent cette catégorie, par exemple les vaccinations obligatoires, les infections nosocomiales, le défaut d'un produit de santé ou encore l'hépatite C.

En ce qui concerne les vaccinations obligatoires, le législateur, avec la loi du 1er juillet 1964, a estimé l'État responsable des conséquences dommageables pour les victimes, que ces vaccinations aient été pratiquées dans un établissement public ou privé, voire à domicile.

L'article L. 1142-1-1 du Code de la santé publique (CSP) rappelle le principe de la responsabilité sans faute en raison du défaut d'un produit de santé. Les établissements qui élaborent les médicaments ou produits dérivés du sang sont responsables, même en l'absence de faute, des conséquences dommageables de la mauvaise qualité de ces médicaments ou produits.

Selon l'article 102 de la loi du 4 mars 2002, il appartient au demandeur non seulement de faire état de l'éventualité que sa contamination par le virus de l'hépatite C provienne d'une injection de médicaments dérivés du sang, mais aussi d'apporter un faisceau d'éléments conférant à cette hypothèse, compte tenu de toutes les données disponibles, un degré suffisamment élevé de vraisemblance.

Autre exemple : le législateur a édicté la responsabilité sans faute pour les infections nosocomiales. Aux termes de l'article L. 1142-1, I, al. 2 du Code de la santé publique, *« les établissements, services et organismes susmentionnés sont responsables des dommages résultant d'infections nosocomiales, sauf s'ils rapportent la preuve d'une cause étrangère »*.

Section 4
L'affirmation de la personne humaine au sein de la responsabilité administrative

Longtemps focalisée sur les obligations pesant sur l'État pour définir son régime de responsabilité, la jurisprudence administrative semble évoluer progressivement, en particulier sous l'influence de l'affirmation de l'individu au sein de la société et sous celle du droit européen des droits de l'homme. L'individu devient le titulaire de droits sans cesse nouveaux et l'engagement de la responsabilité administrative cherche à cerner véritablement les préjudices qu'il aurait pu subir avant de s'intéresser aux difficultés rencontrées par l'administration dans l'exercice de ses missions.

La Cour européenne des droits de l'homme n'hésite d'ailleurs pas à rappeler à l'État l'obligation qui pèse sur lui de protéger *« la vie de l'individu [...] contre le risque de maladie »* (CEDH, 1er mars 2001, *Berktay c/ Turquie*, *JCP G.*, 2001, I, 342). Concrètement, cette obligation, qui peut sembler large, se manifeste dans des hypothèses très précises, comme en matière d'amiante (CE, Ass., 3 mars 2004, *Ministre de l'Emploi et de la Solidarité c/ Consorts Thomas* et *Ministre de l'Emploi et de la Solidarité c/ Consorts Botella*, nos 241151 et 241152). L'État doit faire face à de nouvelles obligations et il se voit attribuer une *« obligation de sécurité »* qui oscille entre un principe de prévention et un principe de précaution, sans que cela soit clairement affirmé.

Cette prise en compte de la personne humaine se manifeste dans des hypothèses toujours plus variées, principalement dans les situations où la personne humaine apparaît en position de vulnérabilité. Ainsi, la juridiction administrative a considéré, dans un arrêt du 17 décembre 2008, que la responsabilité de l'État pouvait être engagée lors du suicide d'un jeune détenu qui avait repéré une lacune dans la surveillance (CE, 17 décembre 2008, *Section française de l'Observatoire international des prisons,* Rec. p. 456).

Les obligations de l'État et l'engagement de sa responsabilité concernant le suicide des personnes vulnérables ne se limitent pas aux détenus. Il devient même responsable lorsqu'un patient se suicide (TA Marseille, 22 novembre 2011, req. n° 1005400). Ainsi, la responsabilité des hôpitaux psychiatriques peut être activée beaucoup plus facilement depuis 1966, par suite de l'abandon par la haute juridiction de la faute lourde (CE, 5 janvier 1966, *Sieur Hawezack*, Rec. p. 6). En outre, lorsque l'hospitalisation psychiatrique est souhaitée par le patient (articles L. 3211-1 à L. 3223-3 du CSP), la responsabilité de l'État peut être engagée (TA Nice, 10 novembre 2006, *M. et Mme B.*, req. n° 0304771).

L'affirmation de la personne humaine se manifeste dans un autre registre, notamment en matière médicale. Ainsi, en cas d'intervention chirurgicale, la perte de chance peut être indemnisée si l'opération échoue (CE, Ass., 5 janvier 2000, *Consorts T.*, Rec. p. 5). Par ailleurs, le consentement du patient doit être constamment recherché et, à défaut, la responsabilité de l'hôpital peut être retenue si ce consentement n'a pas été respecté. À cet égard, dans un arrêt du 10 octobre 2012, *M. C. c/ CHRU de Rouen* (n° 350426, sera publié au Rec.), le Conseil d'État a retenu un préjudice d'impréparation dépassant la simple perte de chance. Le juge indique que « *le manquement des médecins à leur obligation d'informer le patient des risques courus ouvre pour l'intéressé, lorsque ces risques se réalisent, le droit d'obtenir réparation des troubles qu'il a pu subir du fait qu'il n'a pas pu se préparer à cette éventualité, notamment en prenant certaines dispositions personnelles* ».

Retenir l'essentiel

Depuis le début du XXe siècle, le droit administratif n'a cessé d'élargir les possibilités et les conditions d'engagement de la responsabilité administrative. Celle-ci peut ainsi être engagée devant le juge administratif en présence ou en l'absence de faute, dans certains cas précis. Pendant longtemps, une faute lourde, c'est-à-dire d'une particulière gravité, était requise dans de nombreux cas pour activer la responsabilité administrative. Désormais, cette qualification disparaît progressivement au profit d'une faute simple.

8/2015